Siegfried Pater
McDonald's beißt kräftig zu

Siegfried Pater

# McDonald's beißt kräftig zu

Mit Beiträgen von
Kathrin Greifeld, Thomas Hax, Martina Kiel,
Günter Wallraff und anderen

Lamuv Taschenbuch 65

CIP-Titelaufnahme der Deutschen Bibliothek

**Pater, Siegfried:**
McDonald's beißt kräftig zu / Siegfried Pater. - Göttingen :
Lamuv Verl., 1989
(Lamuv-Taschenbuch ; 65)
ISBN 3-88977-209-9
NE: GT



1. Auflage, Oktober 1989


Umschlaggestaltung: Gerhard Steidl unter Verwendung einer Zeichnung von Graph Druckula
Gesamtherstellung: Steidl, Göttingen
ISBN 3-88977-209-9

# Inhaltsverzeichnis

Siegfried Pater

# Mythos McDonald's: Der Mensch ist, was er ißt

McDonald's, so lautet, auf ein Wort verkürzt, die US-amerikanische Art zu essen. Die properen Schnellrestaurants sind fast überall auf der Welt bei jungen Leuten »in«. Doch McDonald's ist auch ein rasch weltweit expandierender Wirtschaftskonzern. Ihm und seinen Konkurrenten wie »Wendy's« oder »Burger King« fällt vieles zum Opfer.

Für die Rinderfarmen, die Fleisch für die Fast-Food-Unternehmen liefern, wurden in Costa Rica große Waldgebiete umgelegt. In Brasilien ist bereits ein Fünftel der Ackerfläche mit Soja besetzt: Futtermittel für die EG-Rinder, Nachschub für die Fleischwölfe der Fast-Food-Giganten wie McDonald's. Und der Hunger in Brasilien wächst, da der Anbau von Grundnahrungsmitteln verdrängt wird. Der Urwald Amazoniens wird vernichtet, weil der Soja-Gürtel sich ausdehnt, genetisch angepaßte Soja-Pflanzen statt Bäume im Amazonasgebiet wachsen. Und die vertriebenen Kleinbauern aus den Soja-Staaten des Südens Brasiliens - Soja-Flüchtlinge genannt - werden nach Amazonien umgesiedelt, wo sie ebenfalls den Urwald mit vernichten. Zehntausende kleine, von Familien betriebene Garküchen in Lateinamerikas Städten fallen der Konkurrenz mit den Buletten-Giganten zum Opfer. Und schließlich kommt durch McDonald's und Konsorten jede herkömmliche Eßkultur unter die Räder, denn der Mensch ist, was er ißt.

Grunzend, behaart und zähnefletschend hockte unser Urahn auf einem Felsen und schlug sein beachtliches

Gebiß in einen Brocken Fleisch. Ein Bild aus grauer Urzeit – und heute? Worin besteht eigentlich der Unterschied zwischen diesem Felsenhocker und einem zähnebleckenden, ketchuptriefenden McDonald's-Gast? Hauptsächlich wohl darin, daß das Fleisch im Hamburger weicher ist, da unsere Zähne schlechter geworden sind.

»Finger Food«, die »neue Art zu essen« (Werbung der Fast-Food-Branche), ist also nicht so neu. Eine Rückbesinnung auf alte Werte? Wohl kaum, denn primitiv ist nur die Form der Nahrungsaufnahme in den Schnellimbiß-Restaurants, während der Aufwand zur Herstellung und Zubereitung des Hamburgers, der zum Symbol für das schnelle Essen geworden ist, ins Unermeßliche reicht.

Denn allein für den Branchenführer McDonald's wurde 1970, als der Konzern erst ein Fünftel der heutigen Größe hatte, errechnet: In einem Jahr verbrauchte das Unternehmen für die Verpackung 315 Quadratmeilen an Wald; der Stromverbrauch entsprach der Energie von 12,7 Millionen Tonnen Kohle, was damals den Jahresverbrauch der Millionenstädte Boston, Washington und San Francisco zusammen kostete, und den wichtigsten Stoff, die Burger-Seele aus Hackfleisch, bezahlten Rinderherden mit dem Leben, die dicht gedrängt die Fläche der Zehn-Millionen-Stadt Groß-London bedeckt hätten.

Heute verkauft der größte Koch der Welt, die Fast-Food-Kette McDonald's, in jeder Sekunde fast 200 Burger. Die bis zum 20. November 1984 um 12.10 Uhr Chicagoer Ortszeit verfütterten exakt 50 Milliarden Frikadellen würden aufeinandergestapelt einen Turm von 5 096 000 Kilometern Höhe ergeben, was der vierzehnfachen Entfernung zum Mond entspricht. Und dieser Turm wächst schwindelerregend: Ed Rensi, Präsident von McDonald's USA, plant den hundertmilliardsten Hamburger für den 13. Mai 1993.

1971 begann der Fast-Food-Herrscher sein Buletten-Imperium auf den Rest der Welt auszudehnen. Im selben Jahr rückte er auch in Westdeutschland ein ... »Wie eine Panzerdivision der Bundeswehr beim Manöver«, beobachtete »Time«, habe der Hamburger-Konzern McDonald's die Bundesrepublik überrollt.

(Der Spiegel, 23. Januar 1984)

Walter Rettenwender, Vorstandsvorsitzender der McDonald's Deutschland Inc., ist zufrieden. Er blickt auf das »erfolgreichste Geschäftsjahr seit der Aufnahme unserer Aktivitäten in der Bundesrepublik im Jahr 1971« zurück. Der »Marktführer der System-Gastronomie« hat 1988 seinen Umsatz um 17,6 Prozent auf 910 Millionen DM in der Bundesrepublik gesteigert. 1989 wird mit einem Zuwachs von 20 Prozent gerechnet. Weltweit klingelten 1988 etwa 30 Milliarden DM in McDonald's-Kassen. Unter dem Strich blieben satte 645,9 Millionen Dollar (1,2 Milliarden DM) Gewinn.

McDonald's, 1988 in der Bundesrepublik von 254 Millionen Kunden besucht, plant jetzt die Eroberung der Kleinstädte... In der ersten Autobahnraststätte hat sich McDonald's bereits eingerichtet. Die Ausfallstraßen der Großstädte sollen belebt werden. Alle zwei Tage eröffnet der Buletten-Riese drei neue Imbiß-Läden auf dem Globus. Bis zur Jahrtausendwende will McDonald's, wenn alles klappt, 15 000 Läden dirigieren. Der Umsatz soll dabei auf über 100 Milliarden Mark im Jahr 2000 steigen.

Die Rentabilität der McDonald's-Aktie ist Legende: Seit der Erstausgabe im Jahre 1965 ist der Wert der Aktien schwindelerregend gestiegen. Vor etwa 20 Jahren kostete eine Aktie 22,50 Dollar, heute steht der Kurs bei 4 000 Dollar. Die Aktien befinden sich überwiegend im Besitz von großen Konzernen und Banken; über zehn Prozent hinterließ der im Winter 1984 verstorbene Gründer des Buletten-Riesen Ray Kroc zusammen mit 1,7 Milliarden Mark Vermögen seiner Frau.

»Ich erwarte Geld, wie man Licht erwartet, wenn man den Schalter anknipst«, lautete die Devise des Aufsteigers Kroc. Sein Erfolgsrezept: »Ratte frißt Ratte. Hund frißt Hund. Ich bringe sie um, bevor sie mich umbringen. Das ist amerikanische Überlebenstechnik.«

Aus armen Verhältnissen kommend, Kroc hatte nicht einmal die Volksschule abgeschlossen, jobbte er durchs

*Rio de Janeiro (Brasilien)*

*São Paulo (Brasilien)*

Leben, bis er 1954 mit den Brüdern Dick und Maurice McDonald ins Geschäft kam, die in Kalifornien einen Imbißstand mit Hamburgern führten. Ray Kroc kaufte die damals schon expandierende Firma samt Namen.

Heute ist McDonald's ein Symbol des »American way of life«, die Verwirklichung des Traumes vom Aufstieg des Tellerwäschers zum Herrscher eines Wirtschaftsimperiums. In Wahrheit aber, schrieb 1973 das angesehene US-Magazin »Time«, sei McDonald's eine »moralisch völlig korrumpierte Organisation, die legal im System sich entwickelt ... errichtet mit schäbigen Geschäftspraktiken«. So bekannte Ray Kroc auch freimütig: »Das erste, was du verkaufen mußt, bist du selbst«, und: »Ich glaube an Gott, an die Familie und an McDonald's – und im Büro ist die Reihenfolge umgekehrt. Wenn man im Football einen Hundert-Yard-Angriffssturm rennt, dann denkt man beim Rennen doch auch nicht an Gott. Jedenfalls nicht, wenn man gewinnen will. Da ist der Geist aufs Rennen konzentriert – und mein Rennen heißt McDonald's.«

»Ein Arbeitsplatz bei McDonald's – das bedeutet Sicherheit und flexible Arbeitsgestaltung«, so wirbt die Firma. In den Augen der McDonald's-Grillerin Kathrin Stamke ein Hohn, da sie erlebte, wie die vielen Ausländer unter den Vollzeitkräften nach Strich und Faden ausgenutzt worden sind: »Die müssen Überstunden machen. Es werden aber nur 40 Stunden in der Woche bezahlt ... Und die malochen wie die Verrückten – machen zum Teil zwei bis drei Überstunden pro Tag, und das mit schöner Regelmäßigkeit, und sehen nie einen Pfennig dafür.«

»Mit keinem anderen Unternehmen«, klagt Wilhelm Link, Geschäftsführer der Gewerkschaft Nahrung, Genuß, Gaststätten (NGG) in Essen, über das US-amerikanische Hackfleisch-Imperium, »haben wir solche Schwierigkeiten. Die wehren sich mit Händen und Füßen gegen jeden Versuch, in einem McDonald's-

Laden einen Betriebsrat unter den rund 300 deutschen McDonald's-Filialen zu errichten.«

Obwohl McDonald's erst wenige Jahre auf den Märkten der sogenannten Dritten Welt expandiert, gibt es bereits Restaurants in Brasilien, auf den Bahamas, in Costa Rica, El Salvador, Guatemala, Hongkong, Nicaragua, auf den Niederländischen Antillen, in Panama, auf den Philippinen, Puerto Rico, in Singapur und Venezuela.

Die Imbißcontainer der Schnellrestaurants in der armen Welt sind die Vorboten der Kultur der Reichen, Entwicklungsagenturen der »modernen Zivilisation«. In Nicaragua hat McDonald's sogar die Revolution überlebt. Coca-Cola und Big Mäc haben keinesfalls an Beliebtheit verloren. Für die jungen Aufsteiger, den Mittelstand der Metropolen in Lateinamerika und Asien, wurden die genormten Fritten-Bratereien zu Inseln der ersehnten Konsumkultur auf dem Weg ins Plastik-Paradies.

Allein in Brasilien gibt es bereits 42 Buletten-Bratereien von McDonald's. Und längst nicht mehr nur in Rio de Janeiro und São Paulo, sondern nun bereits in Brasilia, Belo Horizonte, Salvador, São Bernardo do Campo, Santo Andre, Campinas, São José do Rio Pretto und Porto Alegre. »Bezahlt werden die Angestellten nach dem ›Salario Minimum‹ (staatlich festgelegter Mindestlohn) in Höhe von 120 Cruzados (80 Mark)«, sagte Henry Starosta Chmelnitsky am 26. Juli 1989 in seiner Funktion als Chef des McDonald's-Store von Porto Alegre. Das reicht den Buletten-Knechten nicht einmal zum Kauf eines täglichen Big Mäc, der alleine 3,60 Cruzados kostet, und einer Cola.

Das Essen ist für brasilianische Verhältnisse sehr teuer, denn man bekommt wenig für sein Geld. »Wenn sich eine Familie mit vier Kindern satt essen will, so bezahlt sie mehr, als wenn sie ›Fechoada‹ (Bohnen mit Fleisch

*Porto Alegre (Brasilien)*

und Reis, ein brasilianisches Nationalgericht) in einem herkömmlichen Restaurant bestellt«, sagt Carlota Osorio von der Gesundheitsbehörde in Rio de Janeiro.

Aufpasser in Zivil versperren Bettlern den Eingang. Schlüpft doch einmal ein hungriges Kind unter die Neondecke von McDonald's, so wird es mit Gewalt hinausgeworfen. Bei Wohltätigkeitsveranstaltungen in den Elendsvierteln werden dafür dann vom lächelnden Firmenclown Ronald medienwirksam Hamburger verteilt. Und für die nach Abfall suchenden Favela-Bewohner, die nachts den Müll nach etwas Eßbarem untersuchen, bietet sich ein hoffnungsloses Bild. »Da ist nur Pappe drin«, meint eine alte Frau und deutet auf die Müllsäcke von McDonald's am Copacabana, »da finden nicht einmal die Ratten was.«

Schnelles Essen gab es in Brasilien und in anderen südlichen Ländern schon vor McDonald's. In den Metropolen Rio und São Paulo, wo die Häuser in den Himmel wachsen, die Menschen in kleinen Wohnungen leben und in Beton-Büros arbeiten, waren die traditionellen kleinen Küchen am Straßenrand schon immer sehr beliebt. Da brutzelten die unterschiedlichsten Köstlichkeiten, zubereitet auf einem kleinen Ofen, der oftmals aus einem Blechkanister hergestellt war. »Die Schnellimbiß-Konzernketten zerstören die Existenzgrundlage dieser kleinen Familienbetriebe«, sagt Staatssekretär Orestres vom Gesundheitsministerium des Bundesstaates Rio de Janeiro.

Die geplante Expansion der Fast-Food-Konzerne wird aber nicht nur die Existenzgrundlage Hunderttausender Familienbetriebe zerstören, sondern auch die damit verbundene Kultur. Noch fallen sie jedem Touristen auf, die »Baianas« in ihren traditionellen Kleidern. Überall trifft man sie, vor allem in Salvador, der Hauptstadt von Bahia. Auf ihrem »Tabuleiro«, dem Verkaufstisch, bieten sie ihre Speisen an. Doch die Jugend kehrt zunehmend der eigenen Kultur den Rücken, pilgert statt dessen in die sterilen Stores von McDonald's, um mit Big Mäc und Coca-Cola ein Stück von der ansonsten unerreichbaren Traumwelt zu erwerben.

Daß wir wieder – wie der Urmensch – die Nahrung hastig mit den Fingern herunterschlingen, verdanken wir einer Industrialisierung, die alle Lebensbereiche bestimmt. Oder wie es bei McDonald's heißt: »Das Essen muß sich der Technik anpassen.«

Die Industrielle Revolution erzwang einen Wandel der Eßkultur, der zum Niedergang der Kunst des Kochens führt, denn die Fließband-Herstellung in den Imbißstuben läßt sich ja wohl kaum als Kunst bezeichnen. So sind die Finger-Food-Restaurants zum Ausdruck eines Mangels an Kultur geworden. Denn die Zubereitung der Nahrung und die Art ihrer Aufnahme sind immer ein Ausdrucksmittel menschlicher Phantasie gewesen, ein Produkt menschlichen Gestaltungswillens. Wie die Menschen aßen, das war über Jahrtausende immer auch ein Gradmesser ihres Entwicklungsstandes. Insofern ist der Mensch auch heute, was er ißt.

Der Widerstand gegen die Hackfleisch-Imperien wächst. Überall finden sich Menschen mit dem gemeinsamen Wunsch, nicht in der Ketchup-Kultur zu ersticken.

McDonald's sieht sich in letzter Zeit verstärkter Kritik von Gewerkschaften, Verbraucherorganisationen, Umweltschützern und Dritte-Welt-Gruppen ausgesetzt. Die Arbeitsbedingungen der 21 000 Mitarbeiter hierzulande sind nicht die besten. Die »Einwegpackungen als zentrale Säule des Restaurantsystems« produzieren Müllberge. Es werden Zusammenhänge zwischen der Abholzung der Regenwälder in Lateinamerika und der Hamburger-Produktion hergestellt ... Schließlich sind die Fast-Food-Mahlzeiten zwar mit Kalorien geladen, zeichnen sich jedoch durch einen Mangel an Ballaststoffen aus. Die Ernährungsphysiologen machen sich über die sich verbreitenden Eßgewohnheiten Sorgen.

McDonald's wurde bereits mehrmals von den Kritikern in die strategisch nicht gewollte Offensive gedrängt: Druck wurde auf die Evangelische Kirche in Deutschland ausgeübt, die das Fast-Food-Info- und Kommunikationsbüro VOLKSMUND unterstützt, der niederländische Schulbuchverlag Wolters-Noordhoff wegen Nachdrucks aus dem Standardwerk der Fast-Food-Kritik »Das Brot des Siegers« verklagt – in zweiter Instanz wurde die Klage zurückgewiesen. In einer breit angelegten Werbekampagne wird mit Millionen-Aufwand versucht, die Kritiker an die Wand zu drängen. Mit dem Oberclown der Nation, Thomas Gottschalk, in der ersten Reihe wird ernsthafte Kritik mit flotten Sprüchen überspielt. Und in der Werbeabteilung von McDonald's Deutschland wird wehleidig geklagt, daß man doch nicht für alle Probleme dieser Welt herhalten könne. Sicher richtig, aber McDonald's hat sich immer mit Superlativen gebrüstet: »Es wird keinen Ort auf der Welt geben, wo wir kein McDonald's hinstellen.« (Richard Starmann, McDonald's-Vizepräsident) Der Koch der Welt hat sich so selbst zu einem Symbol erhoben.

Seit den Zeiten des Kalten Krieges wehen vor allen US-amerikanischen McDonald's-Läden die Stars-and-Stripes-Flaggen. Ray Kroc wurde in Sachen »American Dream« aber noch konkreter aktiv: als er 1972 den US-Präsidenten Richard Nixon mit einer großzügigen Spende von 250 000 Dollar unterstützte. Das tat er nach eigenen Angaben gegen den demokratischen Kandidaten McGovern, der sich damals engagiert für ein verbessertes Gesundheitssystem, für mehr staatliche Sozialleistungen und für die Minderheiten einsetzte und mit einem solchen Programm im Verständnis des US-Mehrheiten-Konsens schon fast mit Kommunisten gemeinsame Sache machte.
Kroc machte sich mit seiner Spende freilich nicht nur Freunde. Allzu offensichtlich war das zeitliche Zusammenfallen mit einer Gegenleistung Nixons. Dessen Regierung hatte nämlich gerade einen Preisstopp verfügt und nur für den McDonald's-Konzern eine Ausnahme genehmigt, der just zu diesem Zeitpunkt seine Hamburger-Preise um neun Prozent erhöhen wollte. Und konnte.

»Einmal habe ich einen großen Fehler gemacht. Den erwähne ich nur, weil so viele dumme Esel deswegen rumgebrüllt haben. Das war meine 250 000-Dollar-Spende für Nixons Wahlkampagne 1972 ...« (Ray Kroc)

Günter Wallraff

# Big Mäc: Der Schleim und der Ekel

Als ich in meiner Rolle als Türke Ali auch einige Zeit bei McDonald's am Gänsemarkt in Hamburg gearbeitet habe, sind mir etliche Kunden aufgefallen, die aus finanziellen Gründen nur dort aßen: junge Leute, Arbeitslose, oft Studenten. Man konnte das oft an den Pickeln im Gesicht sehen.

Wir, die Mitarbeiter, durften in den Pausen das Haus nicht verlassen, auch da gehörten wir noch zum »Sieger-Team«, wie McDonald's seine Lohnsklaven bezeichnet; diejenigen, die nichts zum Essen mitgebracht hatten, waren auf den Fraß angewiesen, auch sie bekamen nach einiger Zeit Hautausschläge. Aber die hat McDonald's mit seiner Werbekampagne sicher nicht ansprechen wollen.

Eher schon die jungdynamischen und Schickeria-Leute, die hin und wieder ihr französisches oder hanseatisches Eßlokal mit der poppigen, vulgären Hamburger-Atmosphäre tauschten.

Ich traf mal einen Dramaturgen, den ich von früher gut kannte, der mich aber nicht wiedererkannt hat. Als ich ihn später darauf ansprach, wieso er das Zeug reingemümmelt habe, meinte er, er mache Studien über Jugendliche. Ich habe ihn weniger studieren, sondern mehr mampfen sehen.

## Wie auf einem Totenschiff

In meiner Arbeit war McDonald's das ekelhafteste System, was ich erlebt habe. Thyssen war schwerer, härter, gesundheitsruinierender. Aber es gab eine Solidarität, bei den noch so schlimmsten Demütigungen gab es immer Kollegen, mit denen man sich über dieses System auf Veränderungen hin unterhalten konnte und die sich solidarisch verhielten. Es war manchmal wie auf einem Totenschiff oder einer Galeere, aber zwischen uns bestand immer ein Zusammengehörigkeitsgefühl. Bei McDonald's gab es das nicht. Nicht umsonst ist es dem Konzern gelungen, überall die Gewerkschaft herauszuhalten und, wo dies überhaupt geschehen ist, Betriebsratswahlen schon im Vorfeld zu unterlaufen. Außer in Schweden - dort sind die Läden organisiert, und nicht nur das: Der Ronald-McDonald-Clown, der Kinderfänger, ist dort als Köder untersagt; was zeigt, daß das schwedische System stärker ist als das von McDonald's.

Dieses System offenbart seine Ziele schon an ganz äußerlichen gewinnträchtigen Tricks. Was sonst in keiner Industrie üblich ist, wo die Arbeitszeit mit dem Hineinschieben der Stempelkarte in die Stechuhr beginnt: Bei McDonald's muß man sich erst, auf engstem Raum, wie in einem Kleiderschrank, vor fast aktenordnerbreiten Spinden, aus- und die dünne Arbeitskleidung anziehen, die eigentlich nichts als Verpackung ist - überall steht das McDonald's-Zeichen drauf. Erst danach wird man oben am Arbeitsplatz abregistriert, was kein Betriebsrat zulassen würde. Die Annahme von Trinkgeldern ist verboten und kann ein Entlassungsgrund sein.

### Das Märchen vom Tellerwäscher

Zur Dienstuniform und zum charakteristischen Papphut gehört auch jenes unsägliche Keep-smiling, wie es von den Werbeflächen gegenüber von Haltestellen auf die dort Wartenden heruntergrinst. Der Manager am Gänsemarkt warf mir einmal vor, mein Gesicht sähe nicht sehr froh aus. Aber ich war wohl auch nicht einer jener »idea-

BURGER
PIG

len Verkaufsmitarbeiter«, deren Lächeln mit zur Verpakkung und damit zur umsatzsteigernden McDonald's-Strategie gehört. Das geht wohl nur, wenn man sich mit dem Laden und dem System überidentifiziert, wie es fortwährend verlangt wird. Überboten wird das nur von Sekten wie Bhagwan, sowohl in der Ideologie als auch in dem Übermaß an Selbstausbeutung.

Sicher gibt es bei McDonald's viele, die sich dem Big Boss, dem Über-Ich, nicht unterwerfen, die nicht auf die leeren Versprechungen hereinfallen, jeder könne, durch entsprechenden Fleiß, vorankommen, und die das Märchen vom Tellerwäscher, der es zum Millionär gebracht habe, von vornherein ignorieren. Das sind meistens die, die dort nur kurzfristig arbeiten, oft entlassen werden, kaum haben sie begonnen, sich in dem System auszukennen und seßhaft zu werden. Entlassungsgründe finden sich da immer. Zudem gehört es zum System, das Personal oft genug zu wechseln, schon um die Löhne niedrig zu halten und jeden kleinen Ansatz gewerkschaftlicher Organisierung im Keim zu ersticken.

**Sie sehen wie ein Türke aus**

Selbst die Manager und Submanager beuten sich selbst aus. Sie bekommen ihre Überstunden in der Regel nicht bezahlt. Dafür lassen sie sich mit Versprechungen abspeisen, sie würden später, irgendwann, eine Betriebsrente erhalten. Sie leben auf ihre Pensionierung hin, in der Hoffnung, dann einen Ausgleich für die Selbstausbeutung zu bekommen. Privilegien werden ihnen gegeben und genommen, wenn beispielsweise der Umsatz rückläufig gewesen ist. Und der ist das einzige, was zählt. Besondere Leistungen, die zu Umsatzsteigerungen beitragen, werden nicht mit Geldprämien abgegolten. Dafür wird einer dann »Mitarbeiter des Monats«, und sein Foto hängt in einem Kasten. Es gibt dann Urkunden wie bei

# Guten Appetit!

den Bundesjugendspielen, Pokale wie beim Amateursport, vielleicht mal 20 oder 50 Mark oder einen »Lohnzuschlag« von ein paar Pfennigen. Aber der Gesamtlohn bewegt sich gewöhnlich weit unterhalb des tariflichen Mindestlohns.

Man geht in letzter Zeit dazu über, anstelle von Studenten, die häufiger Internes draußen ausplaudern, mehr und mehr Hausfrauen zu nehmen, die momentan noch ausbeutungsfähiger sind, froh, überhaupt etwas gefunden zu haben, wenn es in der Familie vorne und hinten nicht langt. Ausländer werden gewöhnlich zu den schlechteren, härteren Arbeiten herangezogen. Selten stehen sie mit an der Kasse. In Hamburg waren Pakistani mit die besten, arbeiteten am meisten und kannten sich mit allem aus, mehr als die Manager. Eine Chance, mehr als Tische und Klobrillen abzuwischen, hatten sie trotzdem nicht, weil sie Ausländer waren. Ein Türke war einer der ganz wenigen, die es schafften, aufzusteigen, zum Submanager, »Mädchen für alles« für den eigentlichen Manager.

Vorangegangen waren dem acht Jahre Streß, abverlangte Unterwürfigkeit und zahllose Demütigungen:

»Am Anfang hat der Manager zu mir gesagt: Eines will ich gleich klarstellen, ich dulde nicht, daß bei McDonald's türkisch gesprochen wird. Machen Sie mal Ihren Schnauzbart weg. Sie sehen ja wie ein Türke aus, das macht doch keinen guten Eindruck.«

Als der Bart ab war, lobte ihn der Manager: »So, jetzt sind Sie endlich Deutscher und kein Türke mehr!«

Als dann später herauskam, daß er gewerkschaftlich aktiv war: »Wenn du noch mal zur Gewerkschaft gehst – so der Manager – gebe ich dir die Entlassung. Wir müssen dann vielleicht eine Entschädigung bezahlen, aber das macht uns nichts aus.«

Von da an durfte er wieder den Fußboden wischen und mußte, wenn er zur Toilette wollte, um Erlaubnis fragen.

## Reste auf der Klobrille

Nach der McDonald's-Ideologie ist alles machbar, kalkulierbar, das Produkt, inklusive Mitarbeiter, und die Kunden. Durch geschickte Verpackung werden Ex-und-hopp-Eßgewohnheiten aufgezwungen und den Mitarbeitern, engagiert nach der Methode »hire and fire«, durchnormierte Verhaltensweisen eingedrillt. Das »Sieger-Team«, die Plastik-Baseball-Mannschaft, die dem Konzern steigende Gewinne reinfahren helfen soll, ist eher dem Militär nachempfunden.

McDonald's präsentiert sich, vor allem in den USA, als Erziehungsanstalt, sogar mit einer eigenen »Universität«. Schon Kinder sollen frühzeitig McDonald's kennenlernen, schon weil sie beste »Umsatz-Multiplikatoren« sind, aber auch als spätere erwachsene Kunden. Was eigentlich ein Großunternehmen mit dem Ziel der Profitmaximierung ist, umgibt sich mit weltanschaulichen Versatzstücken, die von Orwells »1984«, erst recht aus Huxleys »Schöner neuer Welt« stammen könnten: »Es geht um das Problem des Glücks, mit anderen Worten, wie man Menschen dazu bringt, ihr Sklaventum zu lieben« (Vorwort 1984).

Nur ist die Wirklichkeit doch eine sehr andere. Immer wieder geraten in den Betrieb Leute, die nicht die geringste Ahnung von Gastronomie haben, nicht ausgebildet sind, die einfachsten hygienischen Maßnahmen nicht kennen und die ekelhaftesten Vorfälle zulassen. Da werden, wie ich erlebt habe, mit denselben Lappen Aschenbecher und Tische gesäubert und anschließend, als sollte der Kreislauf der Nahrungskette symbolisch geschlossen werden, die Klos geputzt. Zigarettenasche, Mayonnaise, Ketchup, stinkende, schleimige Überreste des Big Mäc und die Rückstände auf den Klobrillen gehen da eine innige Symbiose ein.

Ich habe mich oft gefragt, woran das liegt, daß die Kunden so häufig aggressiv waren. Immer wieder warfen Jugendliche, aus heiterem Himmel, ohne Vorwarnung, einem die Pampe vor die Füße, kneteten den Matsch aus den Plastikbehältern irgendwo hinein, traten halbaufgefressene Portionen auf dem Boden unter die Bänke, und wenn ich mich zuweilen umsah, wurden mir Aschenbecher hinterrücks nachgepfeffert. Vielleicht lag das am Essen, das eigentlich nur als Fraß zu bezeichnen ist.

Immerhin: Eine der Reaktionen auf das, was ich in meinem Buch »Ganz unten« über die Zeit bei McDonald's geschrieben habe, scheint ein – zumindest – Zurückschrecken zu sein; wie mir berichtet worden ist, ist gerade Schülern der Appetit doch ganz gewaltig vergangen.

»Die genaue Endsumme kann man jetzt noch nicht voraussagen. Wir eröffnen dieses Jahr 31 Restaurants. Den Trend von 25 bis 35 neuen Betrieben pro Jahr wollen wir fortsetzen. McDonald's Kanada zum Beispiel hat über 500 Restaurants bei rund 22 Millionen Einwohnern - Sie sehen, es gibt für McDonald's Deutschland noch große Entwicklungsmöglichkeiten. Ob das nun genauso laufen wird wie in Kanada, das kann man natürlich jetzt noch nicht wissen. Zur Zeit ist es so, daß wir mit bestimmten Konzepten sehr innovative Schritte vorgenommen haben. Ich nenne hier nur einmal das freistehende Restaurant mit dem Autoschalter. Mit diesem Konzept expandieren wir sehr stark. Aus diesem Bereich stammen zwei Drittel unserer diesjährigen Neueröffnungen.«

(Walter Rettenwender, Vorstandsvorsitzender von McDonald's Deutschland, in einem Interview mit der Zeitschrift »erfolgreich selbständig«, Nr. 7/8, 1988)

### The Boxer (Göttingen)

# Jede Eßkultur hat ihre Tücken

»Du gehörst zu einem Sieger-Team, Mann! Dem Nr. 1-Team!« heißt es in einem McDonald's-Lehrfilm, und das Schlimmste dabei ist: Sie haben ja recht.

McDonald's steht national wie international unangefochten auf Platz eins der Fast-Food-Industrie. Nicht von ungefähr lautete der Titel einer Dokumentation über die schnellen Bräter aus den USA »Das Brot des Siegers«.

Für mich als einen von 21000 Beschäftigten des »McDonald's System of Germany« bietet ein Brutto-Stundenlohn von derzeit 8,40 DM kaum Anlaß zu Siegergefühlen. Im Gegenteil: Streß, Schweiß und Hektik bestimmen den Arbeitsalltag, der wochentags gegen drei Uhr, am Wochenende erst gegen vier Uhr morgens endet. Das Sieger-Team, das zum überwiegenden Teil aus SchülerInnen und StudentInnen besteht, scheint trotz Unterricht am Morgen nicht viel Schlaf zu benötigen.

Vermeintliche Pluspunkte des Jobs sind nach dem Selbstverständnis des Konzerns »frei wählbare Arbeitszeiten, nicht erforderliche Qualifikation« und sogar »Karrierechancen eines großen Unternehmens«, die »bei Eignung und Interesse« geboten werden. Dabei wird freilich verschwiegen, daß beim Einstellungsgespräch anhand der gewünschten Verfügungszeiten der BewerberInnen bereits gezielt selektiert wird, daß die angegebenen Dienstzeiten bereits die erste Meßlatte für Arbeitswillen darstellen.

So kommt es schon mal vor, das Klassenarbeiten und Klausuren nach getaner Nachtarbeit geschrieben werden, wenn sie nicht gleich ausfallen müssen. Dabei behauptet der Personalchef: »Uni und Schule gehen natürlich immer vor!« Es bleibt die Frage, welche Schule er meint.

Ray Kroc, der 1984 verstorbene Gründervater der »McDonald's-Familie« (Originalton), sah als pädagogisches Leitmotiv für seine Beschäftigten eine »Synthese aus Sonntagsschule, den weiblichen Pfadfindern und dem Christlichen Verein Junger Männer« vor. Spinnerei? Nein - System.

In der von Kroc gegründeten Hamburger Marketing University, die seit 1982 in den USA offiziell als Ausbildungszentrum anerkannt ist, weiß man sehr genau, welche Menschen in den Uniformen von McDonald's stekken. Dazu einer ihrer Manager-Trainer, Leroy Cougle: »Die meisten der Leute, die für uns arbeiten, sind junge Leute, Schulkinder, Jungen und Mädchen. Sie sind Heranwachsende, sie suchen und schauen sich um. Und vor allem suchen sie nach einem: ihrer eigenen Identität.«

Der kostbarste Rohstoff, den man zur Herstellung von Fast-Food benötigt, so hat man erkannt, ist demzufolge nicht totes, sondern lebendiges Fleisch, jung und unverdorben.

Der »Rohstoff Mensch« ist gerade in Zeiten hoher Arbeitslosigkeit und verschärfter Konkurrenz auf dem Arbeitsmarkt sicherster Garant für bleibenden Erfolg. Selbst das US-Fachblatt »Nations Restaurant News« muß sich nicht schämen, vom endlosen Zustrom »warmer Teenagerkörper« zu schwärmen.

## Küchenakkord hinter poppiger Fassade

Nicht ohne Grund bekomme ich für meine 8,40 DM/Stunde reichlich Teamgeist geboten. Schon die Dienstkleidung suggeriert mir selbst auch im größten Streß, nicht allein zu sein. Und auch wenn das Management durch einen gediegeneren Aufzug vom gewöhnlichen Personal abgehoben wird - die betriebsinternen Klassenunterschiede sollen durch einen auffallend lockeren Umgangston und durch das freundschaftliche »Du« gegenüber Vorgesetzten verwischt werden.

Gemeinsamkeit ist vor allem dann angesagt, wenn der Schichtführer oder gar Herr Chef persönlich die Ärmel hochkrempelt, um in Spitzenzeiten persönlich Produktion und Moral der »Crew« zu erhöhen - streng nach Dienstvorschrift. Im Manager-Report, einer vertraulichen Publikation für leitende Angestellte, heißt es dazu: »Stellen Sie sich während einer Stoßzeit selbst an die Kasse und zeigen Sie Ihrer Crew, was Hustle (Betriebsamkeit) wirklich ist.«

Als ob sie das nicht wüßte. In den Stoßzeiten, nach Feierabend und vor allem am Wochenende, wenn das Restaurant und die »Drive-Spur« stundenlang von schier unersättlichen Menschenmassen bedrängt werden, dann kann selbst die poppige Fassade den Küchenakkord nicht länger verbergen.

Teils mitleidvolle, teils irritierte Blicke seitens der Kundschaft sind es, die zusammen mit Pusteburgern und Kleingeld über den Tresen wandern. Die unaufhörlich piependen und summenden Timer- und Computersignale, die erst nach Knopfdruck und Ausführen des angezeigten Befehls (SHAKE REMOVE!) verstummen, werden nur noch von den Arbeitskommandos übertönt, mit denen die Produkte einzeln oder im Dutzend geordert werden.

Jeder falsche Handgriff bringt die Produktion ins Stokken, schlimmstenfalls zum Erliegen; versagt eine/r, so trifft es alle. Da braucht es dann gar keinen Vorgesetzten mehr, der dich zurechtweist und antreibt – bist du zu langsam oder zu ungeschickt, dann bist du unbrauchbar für die Crew. So ist es nur eine Frage der Zeit, wann das Management von der Unzufriedenheit deiner Kollegen erfährt. Gekündigt wird häufig ohne Abmahnung.

Die Manager, die sich nicht nur dem Namen nach von konventionellen Gastwirten unterscheiden, werden von der »National Trainings« genannten Organisationsstufe der Company auf effizienten Personaleinsatz getrimmt. So wie sie jede/n Angestellte/n in bezug auf Fleiß, Pünktlichkeit und Flexibilität beurteilen – es werden quartalsweise Berichte angefertigt –, so werden sie selbst danach bewertet, wie erfolgreich sie die Personalkosten niedrig halten. Während ein gewöhnliches Restaurant zwischen 40 und 50 Prozent der gesamten Betriebskosten in Personal investiert, beträgt dieser Anteil bei McDonald's lediglich 20 bis 25 Prozent. Kommentar eines Gewerkschaftsreferenten: »Also ein richtig schöner Wettbewerbsvorteil.«

Der gezielte Computereinsatz macht es möglich, daß das Verhältnis von bezahltem Personal und Umsatz jederzeit überprüft und im Bedarfsfall optimiert werden kann. Anders ausgedrückt: Die Küche ist nur dann voll besetzt, wenn der Kundenandrang es wirklich erfordert; unterbe-

*Keep smiling: So stellt sich McDonald's den Restaurant-Manager vor*

schäftigtes Personal wird nach Hause geschickt, fehlende Kräfte mittels Telefonkartei herbeigeordert.

Dazu kommt noch, daß McDonald's für diejenigen Beschäftigten, die weniger als 450 DM monatlich verdienen, weder Steuern noch Sozialversicherungsbeiträge entrichten muß. Der Anteil dieser besonders kostengünstigen JobberInnen beträgt nach Gewerkschaftsangaben im Bundesschnitt 58 Prozent, liegt aber gerade in Universitätsstädten wie Göttingen noch deutlich darüber.

## Gewinnoptimierung mittels Gruppensuggestion

Die jungen Teilzeitkräfte bieten dem Unternehmen letztlich noch den Vorteil, daß sie in der Regel über ihre Rechte und Ansprüche gegenüber ihrem Brötchengeber weder aufgeklärt sind noch aufgeklärt werden. Dies belegt auch die Gewerkschaft Nahrung, Genuß und Gaststätten (NGG) in ihrer 1983 veröffentlichten Dokumentation »Kritisch betrachtet: McDonald's«: »Die Arbeitsanweisung ›Lohn für Management‹ liest sich wie ein Billigkatalog zur Umschiffung der deutschen Gesetzgebung. Minutiös werden alle Steuer- und Sozialgesetze zitiert, die die Möglichkeit eröffnen, ohne die sonst fälligen Abgaben zu wirtschaften.« Und weiter: »Der Arbeitnehmer verpflichtet sich (im Arbeitsvertrag; d.Verf.) zu Mehr-, Nacht-, Schicht-, Sonntags- und Feiertagsarbeit, ohne daß gesagt wird, welchen Anspruch er erhält... Beim Urlaubsanspruch, dem Urlaubsgeld, Arbeitsvertragsbruch und den Kündigungsfristen verstößt McDonald's teilweise gegen geltende Tarifverträge...«

So verwundert es auch nicht länger, daß ausgerechnet McDonald's wie kein anderer Konzern bemüht ist, in den Augen der Beschäftigten als »Familienbetrieb« zu erscheinen. Der Eindringlichkeit, mit der sich das Unternehmen gelegentlich als Freund, als Dauergastgeber einer poppigen Leistungsparty anbiedert, können gerade die jugendlichen Arbeitskräfte kaum widerstehen. »Wir sind alle eine große Familie«, dieser ebenfalls standardisierte Anspruch für die Gewinnoptimierung mittels Gruppensuggestion treibt die schrillsten Blüten.

Da gibt es die nur für den internen Gebrauch bestimmten »Big Mäc Nachrichten«, eine mit viel Pepp und etwas New Style aufgemachte Hauspostille, die viermal pro Jahr erscheint. Dieses Etwas, das stark nach RTL-Unterhaltung riecht, ist wohl der unverschämteste Versuch von McDonald's, die Gemüter der Crews von Frust und Frittendunst freizublasen. In Riesenlettern beklatscht die Company erfolgreiche PR-Aktionen und preist den scheinbaren Einfallsreichtum einzelner Lizenznehmer oder gar des Personals.

Ein Auszug: »Wetten, daß? – Die Mitarbeiter (!) des McDonald's Restaurants ... hatten sich eine mutige Wette ausgedacht: Eine Woche lang boten sie den Gästen an, die bestellten Produkte innerhalb von 30 Sekunden zusammenzustellen. Da hieß es schnell sein, denn für jede verlorene Wette erhielt der Gast einen Big-Mäc-Gutschein. Gegen das Ticken der Riesenstoppuhren, die auf der Theke aufgestellt waren, kam so mancher Mitarbeiter ins Schwitzen ... «

Daß Ideen wie diese in der Münchener Marketing-Abteilung entwickelt und den Lizenznehmern für gewöhnlich vorgeschrieben werden, bleibt unerwähnt – vermutlich, um den gewünschten Eindruck einer fröhlich schaffenden Volksküche nicht zu schmälern. Natürlich durchblicken die meisten, »daß da was nicht stimmt«, und einige empfinden das künstlich initiierte Team- und Familiengefühl als Verunsicherung. Denn niemand weiß, was dem Management für den freundschaftlichen Umgang mit den Bediensteten alles vorgeschrieben wird. Viel zu auffällig wird nämlich praktiziert, was in der Sprache der Betriebspsychologen »Transaktionsanalytische Methodik« genannt wird. Nach dem Schema »I'm O.K. –

you're O.K.« wird den Managern beigebracht, wie man die Küchen-Crews auch ohne Anbrüllen zu mehr Produktivität anstachelt: Man scherzt und schäkert miteinander ebenso natürlich, wie in Stoßzeiten gemeinsam Akkord geleistet wird; unbezahlt, versteht sich. Und genau dieser Umstand, daß McDonald's nach innen wie nach außen zuerst als Freund und quasi nebenbei erst als Cash-Generator, als Geldmaschine, vor unserem geistigen Auge erscheint, ist die brisanteste Zutat für Big Mäcs, Hamburger und Fritten.

8,40 DM Stundenlohn, das soll ich vergessen im Team, in der Crew, der Family. Ich soll mich trotz Schweiß, Fettgeruch und unzähligen kleinen Hautverbrennungen noch zu Hause fühlen bei meinen Brötchengebern. Schließlich soll ich in Leistungswettbewerben angetrieben werden zu Ehrgeiz ohne Entgelt - wie etwa bei der konzerninternen Aktion »Welches Restaurant verkauft die meisten Hamburger Royal TS?«. Preis dafür eine Superparty für die ganze Crew. Der Betriebsausflug bei McDonald's will eben erst verdient sein.

**»Wir bezahlen über Tarif ... «**

Gewerkschaftsreferent Manfred Hessel-Stahl sieht das nicht anders: »Die Bedingungen, unter denen hier familiäre Zustände hergestellt werden sollen, sind eigentlich genau das Gegenteil. Es wird den Arbeitnehmern unter im Grunde genommen frühkapitalistischen Bedingungen mehr Leistung ohne adäquate Gegenleistungen abverlangt. Die Arbeitnehmer verwechseln das Lebensgefühl mit ihren Ansprüchen als Arbeitnehmer. Es wird ganz bewußt verschleiert, was objektiv gilt, was Rechtsgrundlage eines jeden Arbeitsverhältnisses ist.«

Proteste oder Streiks muß das Unternehmen kaum fürchten, denn eine geschätzte Personalfluktuation von 180 Prozent im Jahr trägt ein übriges dazu bei, daß für

Solidarität unter den MitarbeiterInnen erst gar keine Basis entsteht. Zuletzt sind die Manager von McDonald's besonders bekannt durch ihr rigoroses Vorgehen gegen Versuche, in einzelnen Filialen Betriebsräte zu etablieren. Bis zum 1. März 1979 waren sie sogar angewiesen, bei Einstellungsgesprächen nach Gewerkschaftsmitgliedern zu fahnden. Mit ausgesuchten Fangfragen, etwa: »McDonald's ist nicht organisiert. Wir bezahlen über Tarif. Wie denken Sie darüber?«, wurden mögliche UnruhestifterInnen und GewerkschafterInnen herausgefiltert. Erst ein Bericht in der Fernsehsendung MONITOR bewirkte, daß die vertrauliche Anweisung zurückgezogen wurde.

In einem anderen Fall wurde den MitarbeiterInnen einer Filiale in Essen-Altenessen ein Papier zur Unterschrift vorgelegt, worin sie sich ausdrücklich von der Gewerkschaft NGG und der von ihr angeregten Betriebsratswahl distanzieren sollten. Daraus ein Zitat: »Außerdem möchten wir klarstellen, daß wir in unserem Geschäft... ein gutes Verhältnis untereinander, insbesondere mit unserem Manager geschlossen haben.«

Als es daraufhin zu einer Flugblattaktion im Restaurant kam, bei der auch Fotos geschossen wurden, wurde der »Store« sofort geschlossen, die Polizei herbeigefunkt. Die dabei entstandenen Fotos sind nach Androhung einer Strafe von einer halben Million Mark bis heute nicht veröffentlicht worden.

Erst in jüngster Zeit konnten vereinzelt Betriebsräte eingerichtet werden, die nicht nur die Einhaltung von Tarifverträgen überwachen, sondern wie in Frankfurt durchsetzten, daß die Beschäftigten des Spätdienstes mangels öffentlicher Verkehrsmittel bei Nacht mit dem Taxi nach Hause fahren können.

Heute gibt McDonald's Germany offen zu, aktiv gegen GewerkschafterInnen und Betriebsräte vorgegangen zu sein - was wohl auf Weisung des Chicagoer Mutterhauses geschah. Noch 1980 äußerte Walter Rettenwender,

Präsident von McDonald's Deutschland: »Dem der Entwicklung unseres Systems zugrundeliegenden Menschenbild ist die Frontstellung zwischen Kapital und Arbeit fremd. Die Beziehungen ... von Mensch zu System lassen sich über den bereits geregelten Rahmen durch Tarifverträge und Gesetze nicht regeln.«

Wenn derselbe Mann im Oktober 1988 im Magazin »Esquire« meint: »Heut' tät' ich das nimmer so machen«, dann ist immer noch Vorsicht geboten. Schließlich hat er in rund 20 Jahren bei McDonald's ausreichend Erfahrung in Sachen Öffentlichkeitsarbeit gesammelt.

Es bleibt gewährleistet, was Ray Kroc seinen Managern diktierte: »Das erste, was du zu verkaufen lernen mußt, bist du selbst.«

Wer einem Konzern wie McDonald's eine Mitverantwortung am Raubbau tropischer Regenwälder nachweisen will, benötigt heute wesentlich detailliertere Informationen als noch vor einem Jahr. Mittlerweile nämlich haben die PR-Strategen in der Münchener Company ein Gegengift entwickelt, dessen Tücken nur mit genauer Kenntnis der Sachlage beizukommen ist. Angriff sei die beste Verteidigung, sagte man sich bei McDonald's und verbot jede Diskussion zwischen Personal und Kundschaft, bis das Unschuldbekenntnis rhetorisch ausgefeilt und nicht mehr anfechtbar war.

Folgerichtig finden sich in den 14 Seiten starken »Argumentationspapieren«, die seit März 1988 in den Personalräumen der Restaurants ausliegen, nichts, was auf den ersten Blick unglaubwürdig oder gar unwahr wirkt. Im Gegenteil: Mit frappierender Offenheit werden zunächst die Argumente der KritikerInnen beschrieben, bevor sie anschließend Punkt für Punkt widerlegt werden. Ob es um die Problematik der Einwegverpackungen, um den strittigen Nährwert der Produkte, um Urwaldraubbau zwecks Gewinnung von Weideland oder Futtermittel-Anbauflächen geht – auf alles gibt es Antworten.

Der Schönheitsfehler allerdings, der der nicht gerade niveaulosen Selbstdarstellung anhaftet, liegt darin verborgen, daß die Antworten unbrauchbarer werden, sobald man die Fragen präziser formuliert. Anders gesagt: Kritik zu widerlegen, die nur unrichtig oder unvollständig wiedergegeben wird, ist für niemanden ein Problem – erst recht nicht für die mit allen Wassern gewaschenen Juristen von McDonald's. Nur eine genaue Untersuchung der einzelnen Aussagen macht die Unschärfen und Lücken deutlich, die die Argumentation unanfechtbar werden lassen.

Beispiel Nr. 1: »Der Vorwurf, McDonald's erhielte sein Fleisch aus Betrieben mit Massenviehhaltung, die unter tierschutz- und tierschutzrechtlich fragwürdigen Bedingungen arbeiten, ist nicht richtig, da in Süddeutschland fast ausschließlich Viehwirtschaft in Grünlandhaltung betrieben wird und lediglich Jungbullen und eingeschränkt auch Färsen überhaupt gemästet werden.«

Wer diesen Satz genauer studiert, wird bemerken, daß der Vorwurf der Massenviehhaltung an eine bestimmte Bedingung geknüpft ist: daß nämlich in den Massenstallungen »tierschutz- und tierschutzrechtlich fragwürdige« Umstände herrschen. Daß die eigentliche Kritik auf die Massenviehhaltung überhaupt abzielt, daß darüber hinaus die bestehenden Gesetze zum Tierschutz an sich fragwürdig sind, überliest man dabei leicht.

Daß das für McDonald's verwendete Fleisch entgegen den Behauptungen des Konzerns nicht mehr wie früher friedlich auf der Weide grast, machen die Worte von Herrn Lutz deutlich; er ist Geschäftsführer der Lutz & Otto GmbH Günzburg, dem Exklusivlieferanten für das Hamburgerfleisch: »Ja, es gibt das sogenannte Weidevieh, es gibt aber auch das mais- oder trockengefütterte Vieh. Wir, für die Hamburger, bevorzugen natürlich das maisgefütterte Tier, weil es etwas kräftiger vom Fleisch ist, weil es einen kräftigeren Biß hat und auch vom Geschmack her wertvoller ist und ein besseres Produkt bringt.«

Was liegt denn nun zwischen Millionen von Softbrötchen? Glückliches Kuhfleisch aus Grünlandhaltung oder maisgefüttertes mit kräftigem Biß? Doch das bleibt nicht das einzige McDonald's-Rätsel um die Feinheiten der Wahrheit.

Beispiel Nr. 2: »McDonald's hat keine eigenen Rinderherden, Zuchtbetriebe, Anbauflächen oder Verarbeitungsbetriebe.«

Diese Aussage aus der konzerninternen Argumentation wäre geeignet, die Company von jeder Mitschuld an der Tropenwaldrodung in Brasilien freizusprechen - vorausgesetzt, sie entspräche der vollen Wahrheit. Das würde nämlich bedeuten, daß McDonald's nicht mehr wäre als ein Großabnehmer von agroindustriell erzeugten Nahrungsmitteln; folglich wäre der multinationale Konzern für die Produktion der Fast-Food-Rohstoffe auch nicht verantwortlich.

Es ist daher kein Zufall, daß das nach innen wie nach außen gerichtete Image der Company von entsprechend verharmlosenden Formeln lebt: »Die McDonald's Speisen bestehen aus den bekannten Grundnahrungsmitteln wie Fleisch, Mehl (Brot), Milch und Kartoffeln«, das klingt so vertraut und heimelig wie aus jeder beliebigen Küche. Die Wirklichkeit sieht freilich etwas anders aus.

## Einfluß bis in die Details

Es handelt sich nicht um irgendwelche Kartoffeln, sondern ausschließlich um »Bintjes«, eine in Holland gezüchtete Industriekartoffelsorte. Sie ist besonders groß, wächst besonders schnell, bringt höhere Erträge als konventionelle Erdäpfel. Sie hat einen hohen Anteil an Trockenstoffen und ist durch ihren »neutralen« Geschmack universell einsetzbar. Neben diesen vermeintli-

## Aus dem Leben eines Hamburgers

Meine Mutter war eine glückliche Kuh. Sie wohnte zusammen mit vielen hundert anderen Rindern in einem gemütlichen Stall: zwei Meter lang, einen Meter breit, zwei Meter hoch. Jeden Tag bekam sie ihre Hormone und Chemikalien, damit sie in ihrem gemütlichen Käftig nicht etwa krank oder unglücklich würde.

*Die Rinder müssen pro Tag 1,2 Kilo zunehmen, um Gewinn zu bringen. Das geht nur bei Massentierhaltung mit Psychopharmaka (damit die Tiere ruhig stehen und nicht durchdrehen) und Antibiotika (vorbeugend gegen Krankheiten und weil die Massentierhaltung das Immunsystem schwächt). Oft werden auch Hormone gegeben, damit die Tiere stärker wachsen (so wie die Muskeln von Ben Johnson).*

Auf ihrem Speisezettel stand vor allem: Soja. Soja ist ein hochwertiges Nahrungsmittel, das meist aus Brasilien oder den USA eingeführt wird. Wirklich schade, daß man soviel Gift braucht, um das viele Soja groß zu kriegen. Meine Mutter, die Kuh, war ein sehr glückliches Tier; hätte es doch in Brasilien viele Menschen gegeben, die das Soja gerne selber gegessen hätten. Die Menschen in Brasilien würden sich über-

*Rund 80 Prozent des weltweit erzeugten Soja-Eiweiß werden verfüttert (1982 zirka 56,5 Millionen Tonnen). Das entspricht dem Jahreseiweißbedarf von über einem Viertel der Weltbevölkerung. Die Soja-Monokulturen verdrängen viele kleinbäuerliche Betriebe. Allein nach Bayern werden jedes Jahr rund 300 000 Tonnen Soja importiert. Im Bundesstaat Rio Grande do Sul mußten von insgesamt acht Millionen Einwohnern innerhalb von* haupt gerne was zu essen anbauen. Aber das geht ja nicht, weil man soviel Platz für das Soja braucht.

*zehn Jahren zirka 1,7 Millionen, also rund ein Viertel, auswandern, weil sie durch Soja-Anbau ihre Existenz verloren.*

Als meine Mutter, die glückliche Kuh, groß und fett war, kam sie zusammen mit vielen anderen glücklichen Kühen zum idyllischen Schlachthof. Und dort wurde ich geboren. Ich bin ein Ergebnis neuester lebensmittelchemischer Erkenntnisse und bin aus 100 Prozent reinem Rind gemacht – davon besteht allerdings ein großer Teil aus Fett. Darum solltet Ihr möglichst viele meinesgleichen genießen, damit Ihr groß und stark und aufgeschwemmt werdet.

*In der Dritten Welt werden in großen Mengen Unkrautvernichtungsmittel verwendet – darunter auch viele, die bei uns verboten sind (wie DDT). Sie kommen über das Futter ins Vieh und reichern sich dort an, zum Beispiel im Fettgewebe. Fett ist aber ein wichtiger Bestandteil des Hamburgers. Diese Gifte und die Hormone und Antibiotika, die bei Massentierhaltung verwendet werden, können zu schweren gesundheitlichen Schäden führen. Dazu kommt, daß Fast-Food doppelt soviel Fett und 60 Prozent mehr Kalorien hat als vergleichbare Speisen, wenn man sie selber herstellt. Außerdem fehlen Vitamine, aber Zucker ist mehr als genug drin. Die Folge: Das Essen macht fett und, wenn man sich dauernd davon ernährt, krank.*

(aus dem Flugblatt der Jungsozialisten, Köln)

chen Vorteilen leistet sie aber durch ihre Eignung zur maschinellen Ernte einen erheblichen Beitrag zur Kostenersparnis: Sie spart Arbeitskräfte.

Nicht anders verhält es sich bei der für Ketchup verwendeten Tomate vom Typ UC 82. Sie ist von der University of California speziell für Ketchup und Tomatenmark sowie als »Konserventomate« entwickelt worden. Durch ihren planbaren Reifezeitpunkt, ihre hervorragenden Ernte- und Verarbeitungseigenschaften und durch ihre fast eckige Form ist sie leichter und billiger zu handhaben und zu verpacken – ein ideales Produkt für die Industrie.

Welche Ansprüche McDonald's an die benötigten Grundstoffe stellt, gibt ihr Chefeinkäufer, Michael Gerling, preis: »Die Produkte müssen nicht nur qualitativ hochwertig, sondern müssen auch unserem operativen System entsprechend beschaffen sein. Wir nehmen Einfluß bis in die Details des Rohmaterials, schreiben genau vor, welche Sorte wie angebaut werden muß. So ist es bei den Tomaten, wo wir auch die Sorte vorschreiben, den Zeitpunkt der Ernte und natürlich die Herstellung zu Ketchup ...«

Effizienz, nichts anderes zählt. Und dieser Glaube an Effizienz ist die Ursache dafür, daß Futtermittelimporte für die Fleischproduktion der Fast-Food-Konzerne unverzichtbar wurden. Das Rind von heute rentiert sich für die ErzeugerInnen nur noch, wenn es mit möglichst wenig Futter in möglichst kurzer Zeit ein Maximum an Gewichtszunahme erreicht. Ohne Kraftfuttermischung, ohne Mais und Sojaschrot als Eiweißzusatz im Trog braucht es zuviel Zeit, bis die erforderliche Schlachtreife erreicht ist.

Dazu ein Dorfmetzger: »Aufgrund der Marktwirtschaft bekommt der Erzeuger nicht mehr das Geld, das er benötigt, also wird eine schnelle Mast vorgenommen, alles wird größer gemacht. Um zu überleben, kann er nicht mehr wie früher vorgehen und muß bei der Mast mitmachen. So geht es bei den Hähnchen, so geht es bei der Bullenmast, so geht es bei der Schweinemast. Die Umschlaggeschwindigkeit – je schneller sie ist, je weniger liegt das Geld der Züchter fest, um so eher gibt es was zu verdienen.«

## Nicht nur überflüssig, sondern auch schädlich

Von entscheidender Bedeutung ist daher der die Importe von Futtermitteln und insbesondere von Sojaschrot betreffende Passus in der McDonald's-Argumentation. Welche Folgen der Anbau und Export für die Erzeugerstaaten und letztlich auch für die bundesdeutschen EndverbraucherInnen nach sich ziehen, weiß man in der Company überraschend genau: »Der Anbau von Futtermitteln löst in diesen Ländern eine ganze Schadenskette aus: Auf Flächen, die früher von der einheimischen Bevölkerung zur Deckung des Eigenbedarfs bewirtschaftet wurden, werden heute Exportfrüchte angebaut ... Angesichts der Mangelsituation in den Futtermittelexportländern erscheint der Einsatz von Landflächen, Arbeits- und Maschinenkraft, Investitionen und Devisen für Futtermittelanbau grotesk.«

Und weiter: »Im exportorientierten Sektor herrschen häufig ökologisch bedenkliche Anbauformen vor. Monokulturen fördern die Bodenerosion ... Als Folge droht dauerhafte Versteppung mit fatalen Folgen auch für das Klima ... Pestizidrückstände in Futtermitteln gefährden die Gesundheit auch der Fleischverbraucher in den Industriestaaten. Der Futtermittelanbau liegt in den Händen von wenigen Konzernen und Plantagenbesitzern; die Kleinbauern werden verdrängt ...«

Das, wohlgemerkt, sind die »Argumente der Kritiker«, von denen das entsprechende Argumentationspapier glauben machen will, McDonald's sei in keiner Weise in die Problematik verwickelt. In der aufmerksam zu lesenden Stellungnahme dazu heißt es: »Der Vorwurf, die für McDonald's verarbeiteten Tiere würden zu einem Großteil mit Futtermitteln aus Dritte-Welt-Ländern wie zum Beispiel Sojaschrot gefüttert, ist nicht richtig.«

Natürlich nicht – er ist nämlich nicht richtig formuliert. Bei den Futtermengen, die Rinder täglich fressen, fällt ein Sojaschrotanteil von einem bis drei Kilogramm zunächst nicht ins Gewicht; es wäre daher Unfug, hier von einem *Großteil* zu sprechen. Doch bei einem Tagesbedarf von 500 Rindern – allein für McDonald's Deutschland – ergibt das einen Jahresverbrauch von immerhin über 300 Tonnen Soja.

»Sojafütterung wird vor allem bei der Bullenmast eingesetzt. McDonald's verwendet jedoch kein Mastbullenfleisch... Die Verfütterung von Sojaschrot an Milchkühe... ist nicht nur überflüssig, sondern auch schädlich. Die Gründe...« Es folgt eine halbseitige Auflistung aller nur erdenklichen Nachteile der Sojafütterung, nur: die entscheidende Feststellung, daß die für McDonald's bestimmten Rinder nicht mit Sojaschrot gefüttert werden, dieser einfache Satz bleibt aus.

## Wir machen den Weg frei

Auch das ist kein Zufall, denn nur so gelingt es, den Anschein zu wahren und den Rest der Wahrheit zu verschweigen. Dieser »Rest-Wahrheit« kommt man erst auf die Spur, wenn man sich mit den Geschäftsverbindungen des genossenschaftlichen Raiffeisenkonzerns auseinandersetzt, der mit einem Jahresumsatz von 80 Milliarden Mark ganze 20 Milliarden Mark mehr umsetzt, als der Gesamtwert der Jahresproduktion bundesdeutscher LandwirtInnen beträgt.

Im Dezember 1979 übernahm die Raiffeisengruppe zusammen mit Genossenschaftsunternehmen aus Frankreich, Holland und den USA die Hälfte der Anteile an der Hamburger Alfred C. Toepfer International, dem fünftgrößten Getreidehandelshaus der Welt (über zehn Milliarden Mark Jahresumsatz).

Die etwa eine Million Tonnen Sojabohnen, die Toepfer jährlich aus Brasilien importiert - das entspricht 21 Prozent des bundesdeutschen Sojaverbrauchs -, werden in der zu Toepfer gehörenden Ölmühle Hamburg AG weiterverarbeitet, an der die Raiffeisengruppe über eine Frankfurter Aktiengesellschaft wiederum mit mehr als einem Viertel der Anteile beteiligt ist.

Die Aufbereitung der Soja-Ölkuchen zu Mischfutter betreibt Raiffeisen dann in eigenen Kraftfutterwerken - in Bayern sind es die BayWa-Werke mit Niederlassungen in Würzburg, Regensburg und München, deren Futtermittelsilos man an nahezu allen bayerischen Bahnhöfen findet.

Sowohl bei der Südvieh-Erzeugergemeinschaft als auch bei den Südfleisch-Viehverwertern, die das Rind-

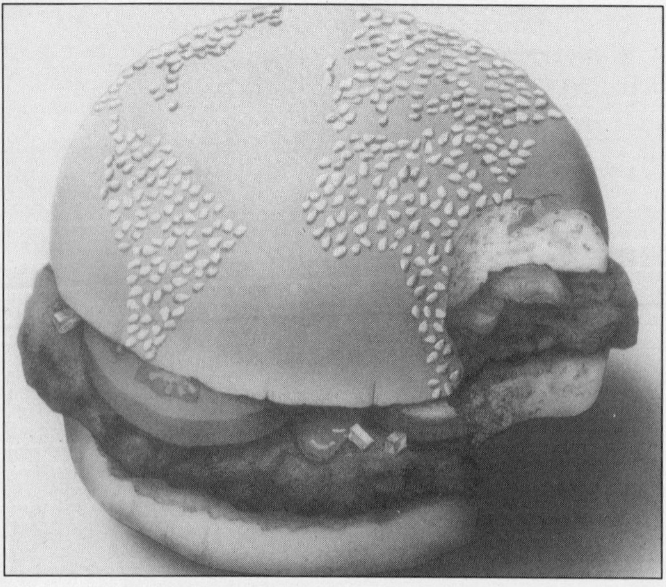

fleisch für McDonald's liefern, ist Raiffeisen direkt und über die BayWa größter Anteilseigner. Und siehe da – eben diese Südfleisch-Südvieh-Gruppe hält 50 Prozent der Anteile an der bereits erwähnten Lutz & Otto-Hackfleischfabrik, die exklusiv für McDonald's jährlich rund 100 000 Rinder durch den Fleischwolf dreht.

So wird auch deutlich, was der Geschäftsführer von Lutz & Otto mit seiner Äußerung über die Produktion von sogenannten Hamburger-Patties meint: »Das entspricht ganz genau der Spezifikation, die wir hier vorgegeben erhalten haben von McDonald's – sowohl im Aroma als auch im Fettgehalt, als auch in der Fleischqualität an sich, wobei unsere Unternehmensgruppe den Vorteil hat, daß sie von der Zucht über die Mast bis zur Schlachtung die ganze Kette in der Hand hat, also schon auf das Rohmaterial einwirken kann.«

Einwirken, das also ist es, was McDonald's von der Würstchen- oder Pizzabude letztlich unterscheidet. Die Company ist nicht – wie ihre Selbstdarstellung suggeriert – gewöhnlicher Kunde auf dem Fleisch- und Gemüsemarkt. Ihre Macht und Größe ist längst bis zum Anfang der Nahrungsmittelproduktion vorgedrungen, und die Verleugnung dieser Einflußnahme ist gleichbedeutend mit der Verleugnung, an den ökologischen Konsequenzen aus dieser Produktion zumindest mitverantwortlich zu sein.

Ob 1000 oder 100 000 Tonnen Sojaschrot, ob 900 Millionen oder 80 Milliarden Umsatz, das letztlich so Beängstigende sind gar nicht einmal die genauen, ohnehin unvorstellbaren Dimensionen der McDonald's- und Raiffeisen-Geschäfte, erschreckend ist die damit bereits heute aufgebaute Machtstruktur, die für die potentiellen Kunden längst nicht mehr durchschaubaren Verflechtungen, die subtilen oder auch massiven Einflüsse auf Umwelt, soziale und wirtschaftliche Lebensbedingungen von Millionen.

Irene Soltwedel

# Besuch in der McDonald's-Fleischfabrik

Eine Hamburger-Mahlzeit in der Bundesrepublik ist ein konzentriertes multinationales Eßerlebnis auf der Grundlage eines durchrationalisierten Agrarsystems. Das Soft-Brötchen wird ausschließlich in Pfungstadt aus US-Weizen hergestellt, die Fleischrinder werden in Süddeutschland geschlachtet und bei der Firma Lutz & Otto zu Patties verarbeitet. Käse aus Holland, Gurken, Senf und Mayonnaise liefert die bayerische Develey, Pommes frites aus den Niederlanden und Ketchup aus Italien.

Im bayerischen Günzburg werden jährlich 100 000 Rinder bei der Firma Lutz & Otto durch den Fleischwolf gedreht. Fast 300 Imbißläden der Freßkette in der Bundesrepublik bekommen wöchentlich etwa fünf Millionen Hackfleischpatties.

Lutz & Otto ist die größte Hackfleischfabrik Europas, die täglich 500 Rinder zu gefrosteten Bauelementen, dem Hauptbestandteil des Hamburgers, zerlegt. Hier werden stündlich aus 1500 Kilogramm Rindfleisch 33 000 Patties geformt.

Lutz & Otto ist eine Tochtergesellschaft der Südfleisch-Südvieh-Gruppe. Dies ist die größte bundesdeutsche Viehverwertung.

Doch nun zum Besuch selbst: Die Sicherheitsvorkehrungen der Fleischwarenfabrik entsprechen eher einer militärischen Anlage als einer Produktionsstätte für Lebensmittel. Ein uniformierter Pförtner wie von der Wach- und Schließgesellschaft bittet durch keimfrei gekachelte Flure in den Sitzungssaal, wo Herr Lutz und der

*Fleischfabrik Lutz & Otto in Günzburg: 500 Rinder werden für McDonald's Deutschland täglich durch den Wolf gedreht*

Pressesprecher von McDonald's, Herr Heuser, freundlich mißtrauisch auf die grüne Delegation aus Wiesbaden warten.

Vor dem Gang durch die Fleischanlage gibt es eine Einführung durch den McDonald's-Werbefilm. Nicht die blutige Verarbeitung ist bei der Betrachtung anstößig, sondern eher die alltägliche chemische Reinigung der gesamten Anlage, die filmisch aus den metallenen Anlagen eine Winterlandschaft macht. 30 000 Liter Wasser inklusive den natürlich nicht biologischen Reinigungsmitteln können von den Vorteilen einer zentralen Verarbeitungsstätte nicht überzeugen.

Der Rundgang durch eine lärmhallende Produktionsanlage zeigt eine chromblitzende Sterilität, die mit einem Kreißsaal zu vergleichen ist. Fleischwölfe zerkleinern gefrorene Blöcke von fettem Gefrierfleisch, und keimfrei gebeizte Mixer führen Rohfleisch aus frischer

Schlachtproduktion zu. Die rosig blutenden Fleischwürste werden vollautomatischen Formapparaten zugeführt. Zu Patties gestampft wandern sie in den Kühltunnel und verlassen die Froststraße (minus 80 Grad Celsius) nach 100 Metern, weißlich gefärbt durch den Stickstoffnebel.

Fettgehalt, Mischmethode, Größe und Form nach McDonald's internationalem weltweit gleichem Standard. Vor der Endabpackung gehen die Patties durch ein Metallsuchgerät, damit eventuelle industrielle Rückstände wie Metallspäne für die KundInnen nicht spürbar werden.

Das McDonald's-Imperium, das nachdenklichen VerbraucherInnen längst aufgefallen ist durch industrielle Geschmacklosigkeit, aggressive Werbung und firmeneigene Ronald-McDonald-Umweltschau in 300 Kindergärten der Bundesrepublik, liegt an der Umsatzspitze der bundesdeutschen System-Gastronomie. Und nicht nur hier: Mit 16,1 Milliarden US-Dollar weltweitem Umsatz und über 7000 Filialen ist McDonald's der »größte Koch der Welt«. Die Erfolge dieser internationalen Fast-Food-Kette beruhen auf den Säulen des Agrobusiness: Rohstoffversorgung, Verarbeitung, Handel und Transport, alles unter dem Dach eines Konzerns, unter rationellster Ausnutzung der Kraftfutter aus den Entwicklungsländern, Niedrigstlöhne für ihre Angestellten und staatlicher Wirtschafts- und Agrarsubventionen.

Nährboden des Hamburgers ist die Industrialisierung. Durch das Primat der Wirtschaft sind aus Lebensmitteln rationell kombinierte Rohstoffzusammensetzungen geworden. Industrialisierte Ernährung hat ihre dazu passenden standardisierten KonsumentInnen gefunden – oder entwickelt?

»Das einstige ›Waisenkind‹, McDonald's International, gehört zu den rasant wachsenden Bereichen des Systems, das seine Wachstumsgrenzen bis heute noch nicht erreicht zu haben scheint.
Was noch erstaunlicher ist als dieser durch Zahlen und Fakten belegte phänomenale Aufstieg eines amerikanischen Fast-Food-Unternehmens, ist die Tatsache, daß McDonald's globaler Markterfolg auf demselben Konzept beruht, das es in den USA perfektioniert hatte. In Anbetracht der gewaltigen Unterschiede zwischen Inland und Ausland, zum Beispiel in bezug auf den Lebensstil der Bevölkerung oder die spezifische Marktbeschaffenheit, hätte man eher erwartet, daß McDonald's bei der Marktentwicklung nach einer differenzierteren Methode vorgeht, daß es sein System der fremden Kultur anpaßt. Aber nichts dergleichen geschah. McDonald's behielt die grundlegenden Elemente seines Systems bei und glich statt dessen die Kultur dem System an.«

(John F. Love, Die McDonald's Story – Anatomie eines Welterfolges, München 1989)

*Die fremden Kulturen dem System anpassen*

Siegfried Pater

# Fast-Food-Opfer in Brasilien

In einer belebten Straße in Rio. Familie Coimbra brutzelt allerlei Köstlichkeiten am Straßenrand. Sie macht es so wie Tausende in den Metropolen Brasiliens: Gegarte Maiskolben, Fladenbrote und Backwaren aller Art werden dem schnellen Esser serviert. Denn auch in den brasilianischen Metropolen, wo die Häuser in den Himmel wachsen, die Menschen in kleinen Wohnungen leben und in Betonbüros arbeiten, gibt es eine Schnellimbiß-Tradition. Die Menschen haben dort wie überall in den Großstädten auf der ganzen Welt wenig Zeit und nehmen gerne eine kleine Mahlzeit im Vorübergehen ein. Davon leben Tausende Kleinhändler.

Wie lange noch? Denn »die Fast-Food-Konzerne zerstören die Existenzgrundlage der kleinen Familienbetriebe«, sagt Staatssekretär Orestres vom Gesundheitsministerium des Staates Rio de Janeiro.

McDonald's, Burger King und Wimpy's expandieren auch in Brasilien, wo McDonald's allein in Rio und in São Paulo jeden Monat ein neues Schnellimbiß-Restaurant eröffnet. Der eilige Esser geht zunehmend in diese blitzblanken Imbißstuben, und die Straßenhändler gehen leer aus.

Auch Familie Coimbra wird die Arbeitsgrundlage entzogen: Ihr bleibt nur noch das Betteln. Ihr Los teilen sie mit vielen anderen. Vor allem die Kinder sieht man händeausstreckend am Straßenrand.

Die Coimbras haben einmal auf einem Stück Land im Inneren Brasiliens ein Auskommen gehabt. Sie sind damals von den Großgrundbesitzern, die Soja anbauen, vertrieben worden. Auch das hatte damals mit den Fast-Food-Ketten zu tun, zumindest indirekt. Was die Familie Coimbra aber nicht wissen konnte. Denn die Fast-Food-Ketten in Europa verbrauchen in steigendem Maße Fleisch, das zwar aus der EG stammt, aber mit Futtermitteln aus der Dritten Welt gemästet wird.

Noch vor 20 Jahren kannte man kaum Soja in Brasilien, aber heute ist Brasilien nach den USA der zweitgrößte Soja-Exporteur. Bei Sojaschrot steht Brasilien sogar in der Weltrangliste auf Platz 1.

Das hat seinen Preis. Fast ein Fünftel der Ackerfläche Brasiliens ist mittlerweile mit Soja besetzt. Eine Untersuchung der Universität São Paulo über die wichtigsten Anbaugebiete im Süden des Landes ergab: 88 Prozent des Soja-Anbaus erfolgen auf Flächen, die früher in der Regel arbeitsintensiven Nahrungsmittelkulturen gewidmet waren, wie zum Beispiel Reis, Bohnen, Maniok, Kartoffeln, Zwiebeln, Milchwirtschaft und Schweinezucht. Wo diese Produkte früher von sieben bis acht Arbeitern für den lokalen Markt angebaut wurden, benötigt man heute für den Anbau von Soja nur noch eine Arbeitskraft.

Hinter diesen Zahlen stecken Schicksale wie das der Familie Coimbra. So mußten allein in den zwei südlichen Staaten Parana und Rio Grande do Sul 40 Prozent der Landbevölkerung nicht zuletzt wegen des Soja-Booms in die Slums der Städte ziehen. Andere werden in den Norden Brasiliens vertrieben, bis hin nach Amazonien.

Zehntausende Landflüchtlinge aus dem Süden Brasiliens fahren täglich per Bus in den Norden, wo sie sich eine bessere Zukunft erhoffen. Wenn die Soja-Investoren nachrücken, werden sie auch dort wieder vertrieben.

Verwandte der Familie Coimbra sind so nach Zentralbrasilien gelangt, wo sie heute ein Stück karges Land bebauen – bis der Soja-Gürtel auch sie überrollt. So wie-

*Soja-Monokulturen in Brasilien*

derholt sich für viele das Schicksal der Flucht. Sie sind ängstlich und bereit, wieder zu fliehen. Sie haben nicht viel mitzunehmen, ein paar Tiere, einige bescheidene Haushaltsgeräte. Hunderttausende sind auf der Suche nach einem Stück Erde, auf der Suche nach ihrer Heimat. Sie sind Opfer einer Wirtschaftspolitik, die Überfluß auf der einen, Armut auf der anderen Seite produziert. Die Fast-Food-Ketten gehören zu den Gewinnern dieses grausamen Spiels.

**Gelegenheiten, bei denen Du unsere Produkte genießen kannst**

Beim Sonntagsessen zu Hause
Beim Bewundern der Sterne
Während der Erholung am Strand
Beim Telefonieren
Während des Segelns
Während Du ein Buch liest, das Du nicht verstehst
Beim Autorennen
Während des Schachspielens
Beim Anfeuern Deines Fußballclubs
Bei der Vorstandssitzung
Beim Mittagessen im Park
Bei einer spontanen Geburtstagsfeier
Beim Anblick vorübergehender Mädchen
Beim zehnjährigen Dienstjubiläum
Beim Gespräch mit Deinen Freundinnen
Wenn ein Vulkan ausbricht
Während eines Kinderfilms
Beim Erzählen der neuesten Witze
Auf dem Gipfel Deines Lieblingsbaumes
Während sie überlegt, ob sie Dich liebt
Während Du Dich im Keller versteckst
Während Du Überstunden machst, um zu imponieren
Während Du klassische Musik hörst
Beim Abendessen im Kerzenschein
Bei Deinem Lieblings-Fernsehprogramm
Während Du mit Frauen über die neueste Mode redest
Während der Schulpause
Während Du wartest, daß sie Dich zum Tanzen auffordert
Beim Mittagessen im Büro
Während Du in der Hängematte schaukelst
Während Du mit dem Taxi zur Arbeit fährst
Während Du wartest, daß man Dein Gehalt erhöht
Wenn Du auf ein Taxi wartest, das nicht kommt

*Textaufdruck auf McDonald's-Tüte in Costa Rica*

*Die Welt des Ronald McDonald*

*ANUGA-Messe, Köln (1987)*

Siegfried Pater

# Das neue Paradies: Die Verführung von Kindern und Jugendlichen

»Ein Kind, das unsere Fernsehwerbung gern mag und seine Großeltern mit in ein McDonald's nimmt, das bringt uns zwei neue Kunden«, sagte Ray Kroc, Gründer der größten Hamburger-Kette der Welt.

Kinder sind Mittelsmänner für die Geschäftsstrategen – sie sollen die Eltern ans Produkt bringen: »Take a father to lunch« (McDonald's). Kinder sind wie Knetmasse – besonders, wenn es um das Essen des geringsten Widerstands geht. Wie manipulierbar sie sind, zeigt eine amerikanische Untersuchung: Da gab man Kindern zwei verschiedene Sorten Schokolade zu essen: eine, die viel zu süß war, und eine leckere, normale. Alle nahmen von der genußreichen Schokolade. Dann erzählte ihnen jemand ein Märchen, in dem der Held der Geschichte die viel zu süße Schokolade gerne aß, während er diejenige verspottete, welche die Kleinen vorher lieber gemocht hatten. Als den Kindern nochmals angeboten wurde, fiel die Auswahl prompt andersherum aus.

82 Prozent der Produkte, für die auf Kinder bezogene Werbung gemacht wird, sind Nahrungsmittel – vor allem Süßwaren. Und das überall in der Welt. Ein US-amerikanischer Fernsehwissenschaftler stellte fest, daß McDonald's vor allem in gewalttätigen (Kinder-)Fernsehserien mit hohen Einschaltquoten Werbezeit kaufe.

In der Bundesrepublik befindet sich der Fast-Food-Konsum in der McDonald's-Zeitrechnung noch immer im Primärstadium; die Vorköster zwischen 16 und 24 besorgen hier über die Hälfte des Umsatzes.

Pommes und Hamburger sind typische Jugendprodukte, die mit Begriffen wie »unkomplizierte Essensfreude« und »Modernität« assoziiert werden. Im Fast-Food-Lokal trifft man sich – hier kann man sein. Sitte und Anstand werden durch »Essen mit Spaß« ersetzt.

In den USA freilich hat sich das Generationenverhältnis umgekehrt: Dort ist der Durchschnittskonsument um die 30, und rund zwei Drittel der Gäste sind über 26 – jetzt erwachsene Konsumkinder von damals, die, mit Milchshakes gesäugt, ihre Lektion gelernt haben.

In den überseeischen Zweigstellen muß man also gezielt auf diejenigen einwirken, die die zukünftigen Familienväter und -mütter sind, muß die Kinder formen und zu reifen, potentiellen Hamburger-Konsumenten erziehen.

»Dabei macht es nicht die Masse der Einrichtungselemente, die das kindliche Auge und den Spieltrieb reizen, sondern die genaue Abwägung von Funktionen und ästhetischer Gestaltung«, schreibt der Münchener Fast-Food-Architekt Erich Scevak. Für die Kleinen werden extra niedrige Türklinken angebracht, und der McDonald's-Lizenznehmer kann für 600 Mark eine Leiter erwerben, auf der die Minikunden für die Bestellung die Theke erreichen können.

In einer Gesellschaft, in der eine Verbraucherorganisation (!) eine Broschüre mit dem Titel »How to Raise Children« (Wie man Kinder großzieht) herausgibt, die den Leser darauf hinweist, daß man mit Kindern unter anderem auch mal spielen sollte, so wie man erklärt, daß man Hunde täglich Gassi führt – da wird eben auch ein Kindergeburtstag zur Ware. McDonald's profitiert – und die Eltern sparen »Aufregung, Vorbereitungszeit, Lärm, Abwasch«. Familienideologie verkleistert hier nur Entfremdung und rationalisierte Elternschaft. Kinder sind nur noch Instrument und Garnitur einer voll durchgeplanten Werbe- und Gehirnwäsche-Aktion.

So lustig ist Geburtstag feiern bei McDonald's.
Reserviert für die Geburtstags-party
von Andrea
Viel Spaß!
Der Riesenspaß für alle Kinder von 5–12 Jahren.
Wenn Sie mit Ihren Kindern einmal Geburtstag feiern wollen, ohne daß Sie viel Arbeit und Mühe haben, dann kommen Sie doch zu uns.
Wir sorgen dafür, daß es eine rundum tolle Sache wird.
Mit bunt dekoriertem Geburtstagstisch, lustigem Partymaterial und kleinen Geschenken und Überraschungen.
Für Spiele und Unterhaltung sorgt eine nette Mitarbeiterin.
Und der ganze Spaß kostet Sie nur das Essen und Trinken, alles andere übernehmen wir.
Wenn Sie mit uns den Termin abstimmen, brauchen Sie sich um nichts mehr zu kümmern.
Übrigens muß mindestens ein Erziehungsberechtigter an der Party teilnehmen.
Eine lustige McDonald's Geburtstagsparty dauert ca. 1 Stunde.
McDonald's
Essen mit Spaß

Länger als maximal zwei Stunden sollte das Fest nicht dauern, die nächste Kinderparty benötigt die vier Tische in der Nische – der übliche McDonald's-Lärm und -Betrieb muß ja weiterlaufen. Zu Sommerschlußverkaufszeiten werden Geburtstage allerdings nicht so gern gesehen, da braucht man den Platz für die vielen erwachsenen Einkäufer.

»McDonald's wird von den Kindern bis zum Letzten verteidigt«, sagt Brigitte Sladek, Erzieherin in einem Kölner Kinderhort. Der Bulettenkonzern wird zur perfekten Ersatzmutti: »Frauen haben im Umgang mit Jugendlichen das beste Feeling«, meinte McDonald's-Vize Ludwig in einem Interview mit der Zeitschrift »Brigitte«. In Villa Park, Illinois, fanden in einem Monat in einem McDonald's–Restaurant 600 Geburtstagsparties statt.

Worum es dem Konzern geht: »Aufgrund der negativen Berichterstattung im letzten Jahr waren wir gezwungen, verstärkt Aktionen auf lokaler Ebene durchzuführen, die auch ohne großen Kostenaufwand außergewöhnlich sind und in der Öffentlichkeit Interesse und Sympathie wekken«, heißt es in einem McDonald's-Strategie-Papier.

Daß die lokale Presse auf Herz-Schmerz-Aktionen wie den Kinderbesuch des Clowns Ronald McDonald anspringt, darauf kann man bauen: »Über den ideellen Wert der Aktion (der sich ohnehin nicht aufrechnen läßt) hinaus, hätte die Bekanntmachung . . . über die Anzeigenabteilung der Zeitungen mindestens das Dreifache gekostet.«

Essen und Konsumieren als Problemlöser – nicht nur gegen diese folgenschwere Ideologie, wohl auch wegen grundsätzlicher Bedenken gegen Kinder-Manipulation im großen Stil ist der fröhlich harmlose Clown in Schweden verboten.

McDonald's schreckt auch vor dem Zugriff auf Schulen nicht zurück: In den USA werden hier Materialien zum Thema Umwelt, Wirtschaftskunde und Ernährung verteilt. Hierzulande werden McDonald's-Gutscheine als Gewinne vergeben, wenn die Deutsche Verkehrswacht Schülern die wichtigsten Regeln der Verkehrserziehung als Quiz beibringt.

»McDonald's und der Sport, das sind zwei, die einfach zusammengehören. Viele Millionen Menschen, nicht nur Hochleistungssportler, betreiben Sport - viele Millionen Menschen essen bei McDonald's«, heißt es im Marketing-Handbuch. Da werden jugendliche Turner bei firmeninternen internationalen Wettbewerben gefördert oder »Familienolympiaden« veranstaltet. Bei den Olympischen Spielen 1984 in Los Angeles trat der Bulettenkonzern nicht nur als einer der »offiziellen Verpfleger« auf, sondern sponsorte auch das Schwimmstadion.

Egal, ob »Familienolympiade«, »McHappy-Tag« mit Spenden für Kinderspielplätze oder die Ronald-McDonald-Kinderkrankenhaustournee - Prominenz ist immer dabei und kann sich zudem im Lichte der Scheinwerfer und im Spiegel der Presse sonnen. »Bild« allen voran. Zum Beispiel beim »McHappy Day« in Zusammenarbeit mit dem Deutschen Kinderhilfswerk. »Aufgabe: Profilierung. McDonald's gibt einen Teil seiner Gewinne an die Gemeinschaft zurück: McDonald's-Lizenznehmer/Manager tun mehr für die Gemeinschaft als andere«, heißt es in den firmeninternen Anweisungen dafür. Und alle machen mit: Dörthe, Dieter Thomas Heck, Anneliese Fleyenschmidt, zahlreiche Fußball- und Sportstars, Uschi Glas, Dunja Raiter, Claudia Doren, Peter René Körner, Max Schmeling, die Jacob Sisters. Aber auch eine Reihe Politiker: die Oberbürgermeister von Hannover und Köln, die Bürgermeister von Düsseldorf, München, Lübeck und Stuttgart, die Abgeordnete Edith Strumpf, Senatskanzleichef und Jugendsenator aus Bremen und viele andere mehr.

Der Münchener Bürgermeister Zehetmair lobt: »Daß die Firma McDonald's, deren Geschäfte ja von unseren

Jugendlichen besonders gern angenommen werden, Gelder für solche Aktionen sammelt und zur Verfügung stellt, finde ich besonders gut. Hier fließen Gelder ein, die aus dem Verkauf, dem günstigen, dem reduzierten Verkauf von Big Mäcs eingenommen worden sind . . . Ein Hoch den Big-Mäc-Essern, die dafür gesorgt haben, daß dieser Kinderspielplatz so toll finanziert werden konnte.«

Was soll's, daß der gleiche Bürgermeister kurze Zeit später bei einer Stadtratsdiskussion über die Münchener Fußgängerzone besorgt warnte: »Wir müssen schon sehr aufpassen, daß die gute Stube nicht zu einer Hamburger-, Currywurst- und Softeismeile verkommt.«

Für McDonald's jedenfalls hat sich die Sache mit dem »McHappy-Tag« gelohnt. Die Generalsekretärin des Deutschen Kinderhilfswerkes, Jeanette Becker, schrieb dem Bulettenriesen: »Sehr geehrter Herr Coleman! Mit einem sehr herzlichen ›Dankeschön‹ für Ihre großzügige Spende überreichen wir Ihnen heute die Spendenbescheinigung über DM 12 000 . . . Wir würden uns freuen, wenn wir Ihre Absicht – in diesem Rahmen noch mehrere Kinderspielplätze in Deutschland zu unterstützen – gemeinsam verwirklichen könnten. Natürlich werden wir bei den zukünftigen Projekten besser berücksichtigen, daß es sich um einen Kinderspielplatz in der Nähe (beziehungsweise in derselben Stadt) einer McDonald's-Niederlassung handelt . . .« So lockt McDonald's seine Hamburger-Käufer her, und selbst wohltätige Organisationen helfen mit.

Und der Konzern expandiert beängstigend. Rolf Kreiner von McDonald's Deutschland: »Ich glaube, daß der Hamburger zu einem Grundnahrungsmittel wird wie Brot, Milch, Eier, Kartoffeln oder es eigentlich schon ist.«

Die sanfte Verführung ins McDonald-Land klappt vorzüglich. In einer allzuoft kinderfeindlichen Gastronomie scheinen die ausgesprochen familienfreundlichen McDonald's den Eltern zu helfen, wo sie nur können. Sie trö-

*McDonald's Bonn, Friedensplatz*

sten die Seelen der Kleinen mit Curry-Gel, Honigsoße und Ketchup. »Hier bei McDonald's bist du der King, und Mutter zu Hause hat sowieso keine Zeit für dich.« McDonald's ist das beste Kindermädchen für alle überstrapazierten Mütter, wird zur geliebten Stiefmama, zum großen Freund, der die Kinder in die bunte Plastikwelt entführt. Und was für Kinder: So wie Eltern sie sich erträumen, gutaussehende Kids, diese Kinderriege mit Sonnenblume, Geschenkkarton und Schaukelpferd, die ihre Freunde in die heile Burger-Welt mitbringen.

Solche Kinder mag auch McDonald's: »Kinder vervielfachen ihren Umsatz durch Eigenbestellungen; sie bringen Freunde oder Verwandte mit; Kinder zeigen, daß hier jeder speisen kann.«

Aber der Einsatz des McDonald's-Kids wird nicht nur damit belohnt, daß es im McDonald-Land mit den Helden der McDonald's-Plastik-Idylle, den McNuggets, Big Feet und Big Mäc Kaukontakt hat. Zusammen mit Ronald McDonald und Thomas Gottschalk, der für 1,2 Millionen Mark eingekauft wurde, kann unser McDonald's-Jung-Konsument in der großen weiten Welt an der Fast-Food-Theke ganz er selber sein: Mit dem Fernsehstar wird der Jugendtraum von der Freiheit Wirklichkeit: »Wo man mit Fingern ißt, da laß dich fröhlich nieder.« Und Ronald McDonald grinst: »Kinder müssen Sie mit emotionalen Zusätzen treffen, die interessiert Qualitätsauslobung der Produkte überhaupt nicht.« So Rolf Kreiner, »Senior Vice President Marketing« bei McDonald's.

Aber das sind noch nicht alle Großen im Lande, die die Kinder zu einer wundersamen Identifizierung mit den Erfolgreichen und Mächtigen verlocken: Mit dem Biß in den Kanzler-Burger gehört man einfach zu der internationalen McDonald's-Familie. Und irgendwie gehört man auch zu den 1500 Kindern, die zum Kinderfest des Bundeskanzlers zur Weltreise in den Park des Kanzleramtes eingeladen wurden. »Was wäre ein Kinderfest ohne

McDonald's«, meinen Helmut und Hannelore Kohl, die sich »wie gute Eltern um ihre eigenen Kinder« kümmerten und mit großem Spaß dabei waren. So konnte man in der »Mäc-Press« lesen, als sie von Kohls Kinderfest am 10. September 1988 nur Gutes berichten konnte:

»Begeistert spielten, rannten, staunten und aßen sich die Kinder ›In fünf Stunden um die Welt‹... Hier Steaks aus Argentinien, dort Frühlingsrollen aus China neben Coca-Cola und Big Mäcs aus USA.... Organisator Dieter Haupt (Kohl: ›Mein Kinderminister‹) hatte wieder einmal alle Register gezogen.... Bei Köstlichkeiten aus aller Welt konnten die Kinder nach Herzenslust schwelgen. Simone (11) aus Köln ...: ›Am besten hat mir Amerika gefallen mit Mickey Mouse, Elvis und Marilyn Monroe. Und die Big Mäcs, soviel du essen kannst!‹ Daß bei den einheimischen und ausländischen Schülerinnen und Schülern, die alle ohne Eltern kamen, kein Heimweh aufkam, dafür sorgte schon Ronald McDonald, der Jojos, Baseballmützen und Miniflipper als Gastgeschenke für die Kinder mitgebracht hatte. Der neunjährige Jimmy aus USA brachte es dann auf den Punkt: ›Die Hamburger waren super und genau wie bei uns. Und als ich den Ronald McDonald sah, hab ich mich richtig zu Hause gefühlt.‹«

Überhaupt, dieser Ronald McDonald! Mit dem Slogan »McDonald's hat ein Herz für Kinder« lädt sich der »Kinderfreund Ronald McDonald« in die Kindergärten ein, um mit einer aus den Vereinigten Staaten importierten Werbekampagne das Konzept des Fast-Food-Riesen, Kinder schon in jungen Jahren zu Dauerkunden zu erziehen, konsequent zu verwirklichen. Allerdings läuft die Werbeschau des firmeneigenen Clowns unter unverfänglichen Namen wie »Umweltschau«, »Verkehrserziehung«, »Sicherheit im Haushalt«. Sie dient ja angeblich nicht den konzerneigenen Interessen, sondern bringt lediglich das soziale Engagement der Firma zum Ausdruck.

*McDonald's Barcelona (Spanien)*

Bei genauerem Hinsehen aber deckt sich diese Tarnung mit der perspektivischen Werbestrategie von McDonald's: »Ronald McDonald soll eigentlich immer in spielerischer Form McDonald's für die Kinder präsent halten. Ohne direkt gleich etwas zu verkaufen. Aber langfristig glaube ich, daß sich das auszahlt. Ja, wer heute als Kind zu McDonald's geht, der wird das natürlich auch später tun.«

Die Mutter eines dreijährigen »betroffenen« Kindes sieht es allerdings so: »Das Schlimme für die Kinder ist ja, McDonald's ist nicht nur auf die schnelle Mark aus. Das ließe sich ja verbieten. Das Schlimme ist: McDonald's will die Herzen der Kinder.«

So ganz unbemerkt und unwidersprochen geht dieser Versuch der Normierung von Herz und Hirn nicht vonstatten. Es gibt Widerstand, und zwar mit Erfolg, wenn auch nicht so wie in Schweden, wo die politischen EntscheidungsträgerInnen gegen den Mißbrauch in den Kindergärten gesetzgebend eingeschritten sind. Aber es gelang immerhin auf öffentlichen Druck, das bayerische Umweltministerium zur Zurücknahme der Schirmherrschaft einer unter dem Titel »Umweltschutz« laufenden Werbekampagne zu bewegen.

Jede Kindergärtnerin, die einen Brief aus der Öffentlichkeitsabteilung von McDonald's bekommt, wird schamlos belogen mit der Behauptung, »daß die Ronald-McDonald-Auftritte in Kindergärten völlig werbefrei« vonstatten gingen. Daß Ronald McDonald nicht nur eine »familienfreundliche Symbolfigur« ist, belegen zahlreiche Aussagen der Kinder selbst, die den Clown »Ronald« eindeutig mit der Firma identifizieren. Es ist ja nicht nur das Firmenzeichen auf dem Clownkostüm, das den Kindern auf die Sprünge hilft, die verteilten Geschenke, die Fernsehwerbung im Nachmittagsprogramm, der kleine Spaziergang in der Innenstadt tragen für die Vergeßlichen das ihre dazu bei.

Daher setzen sich jetzt auch Eltern zur Wehr. So reagierten die Eltern der Kinder im Kindergarten der evangelischen Andreas-Gemeinde im Frankfurter Stadtteil Eschersheim empört in einem offenen Schreiben an McDonald's und an die Presse: »Wir, die Eltern der Kinder, sind entrüstet und finden Ihre Anfrage schlichtweg unverschämt. Als Erwachsene werden wir täglich in unerträglicher Weise mit Werbung konfrontiert, auch unsere Kinder kommen daran nicht vorbei. Wenn die Werbung jedoch noch nicht einmal vor den Kindergärten haltmacht, so sind wir der Meinung, daß dies einen Mißbrauch unserer Kinder für wirtschaftliche Zwecke darstellt.«

Der Deutsche Kinderschutzbund (DKSB) reagierte mit einer Stellungnahme, in der er der Ablehnung der »Ronald-McDonald-Schulungsprogramme für Kindergärten« zustimmt. Auch für den Kinderschutzbund handelt es sich hier »eindeutig um Werbekampagnen. Selbst wenn in der jeweiligen Show kein McDonald's-Logo verwendet wird, wird der Clown als Sympathieträger später bei den McDonald's-Restaurants von den Kindern wiedererkannt.«

Der Vorstand des DKSB-Bezirksverbandes Frankfurt stimmte am 21. März 1989 den Bemühungen der Eltern zu, die Kindergärten von solchen Kampagnen frei zu halten. Ein »Hausverbot für Ronald McDonald« muß allerdings immer noch von Kindergarten zu Kindergarten einzeln ausgesprochen werden.

Martina Kiel

# McDonald's und vernünftige Ernährung

Wer noch nicht weiß, was es heißt, sich »vernünftig« zu ernähren, kann es jetzt vom »größten Koch der Welt« erfahren. Mit Hilfe von Prof. Erbersdobler von der Universität Kiel hat die Firma McDonald's eine Broschüre herausgegeben mit dem Titel »McDonald's und die vernünftige Ernährung«. Sie stützt sich auf Untersuchungen, die von der Landwirtschaftlichen Untersuchungs- und Forschungsanstalt (LUFA) Kiel durchgeführt wurden. Analysiert wurde der Nährstoffgehalt von 16 McDonald's-Produkten – eine hervorragende Zusammenarbeit von Industrie, Wissenschaft und Forschung.

Das Ergebnis: *»Zusammenfassend kann festgestellt werden, daß es sich bei den McDonald's-Produkten durchweg um hochwertige Lebensmittel beziehungsweise Lebensmittelzubereitungen handelt, die einen günstigen Nährstoffgehalt aufweisen. Die für eine Mahlzeit erreichbare optimale Nährstoffversorgung ist natürlich auch hier, wie in unserer Ernährung generell, von der sinnvollen Menükombination abhängig. Grundsätzlich sollte der Verbraucher besonders auf den Fettgehalt und auf eine möglichst niedrige Kochsalzaufnahme in der Nahrung achten. Für die optimale Nährstoffversorgung ist zu empfehlen, die breite Angebotspalette variabel zu nutzen: hinsichtlich der Calciumzufuhr sollten häufiger Milchprodukte verzehrt werden.*

*Die vorliegende Broschüre soll den McDonald's-Gästen helfen, ihre Menüs ernährungsphysiologisch günstig zu kombinieren. Hierfür bietet McDonald's eine ausgewählte Produktpalette an.«*

Ich möchte bezweifeln, daß diese Broschüre eine Hilfestellung gibt. Dazu einige Anmerkungen und Informationen:

**Ballaststoffe**

*»Unter den Kohlehydraten versteht man die Zucker und Polysaccharide. Als Energielieferanten dienen nur die Zuckerarten und im wesentlichen das Polysaccharid Stärke. Die meisten übrigen Kohlehydrate sind für den menschlichen Organismus nicht verwertbar. Sie bilden die Gruppe der Ballaststoffe. Neben Energie beziehungsweise Ballaststoffen liefern die kohlehydratreichen Lebensmittel (Getreide, Obst und Gemüse) auch wichtige Mineralstoffe, Spurenelemente und Vitamine.*

*Lieferanten von verwertbaren Kohlehydraten sind Brot, Teigwaren, Reis, Gemüse (insbesondere Kartoffeln), Obst, Süßwaren und Milch. Lieferanten von Ballaststoff-Kohlehydraten sind Vollkornprodukte, faserreiche Gemüse und Salate (Kohl) sowie viele Früchte.«*

Ballaststoffe sind zwar keine Energielieferanten für den Organismus, aber sehr wohl verwertbar und wertvoll. Ihre Bedeutung, zum Beispiel für eine normale Verdauung, ist inzwischen hinreichend bekannt. Nicht nur von VertreterInnen der Vollwerternährung, auch von der Deutschen Gesellschaft für Ernährung (DGE) wird inzwischen empfohlen, mindestens 30 Gramm Ballaststoffe pro Tag zu verzehren. Im Hamburger wie auch in den meisten McDonald's-Produkten sind so gut wie keine Ballaststoffe enthalten.

**Kochsalz**

*»Von der Deutschen Gesellschaft für Ernährung (1985) werden unter üblichen Lebensbedingungen fünf Gramm Kochsalz für Erwachsene als ausreichend erachtet. Von einer*

*Zufuhr über zehn Gramm wird abgeraten. Der tatsächliche Verbrauch liegt im Mittel allerdings bei zirka 15 Gramm (Ernährungsbericht der DGE, 1984). Ein wichtiger Mineralstofflieferant ist auch das Kochsalz. Es liefert die Mineralstoffe Natrium und Chlorid. Der Mindestbedarf an Natrium ist nicht genau festgelegt, da er unter unseren Ernährungsverhältnissen ohne weiteres gedeckt wird. Eine überhöhte Zufuhr ist dagegen unerwünscht und unter Umständen sogar schädlich, weil sie Anlaß für Bluthochdruck sein kann.«*

Sich bei McDonald's kochsalzarm zu ernähren, ist nicht gerade einfach. Ein Großteil der (nicht süßen) Produkte hat einen Salzgehalt von mehr als 1500 Milligramm (acht von zehn Produkten). Das wird geschickt vertuscht: Während bei allen anderen Nährstoffen das Verhältnis vom Meßwert zum Tagesbedarf ausgerechnet wird, gibt man hier das Verhältnis vom Meßwert zur gerade noch akzeptablen Höchstmenge an. So erfahren die LeserInnen nicht, daß sie mit den vorgestellten »Menüs 1 und 2« ihren gesamten Tagesbedarf an Salz decken, sondern daß sie knapp die Hälfte der akzeptablen Höchstmenge zu sich nehmen. In »Menü 3« bleibt offen, ob das Salz mitberechnet worden ist, welches normalerweise auf die Pommes frites gestreut wird. Die LeserIn muß schon genauer hingucken, um festzustellen, wie kochsalzreich die Produkte sind.

## Getränke

*»Wasser ist für unseren Körper unentbehrlich: für die Aufrechterhaltung der Zellfunktion, als Transportmittel für die Nährstoffe, den Sauerstoff, die Stoffwechselprodukte, für die Verteilung der Wärme im Körper sowie für die Wärmeregulation. Wir müssen am Tag etwa zwei Liter Wasser zu uns nehmen, davon etwa die Hälfte in Form von Getränken, um die unvermeidlichen Wasserverluste auszugleichen.*

*Milch, Säfte und andere kalorienreiche Getränke sind zu empfehlen, wenn kein Übergewicht vorliegt. Bei Übergewicht sollten vorwiegend kalorienfreie Getränke (natriumarmes Mineralwasser, Kaffee, Tee) getrunken werden.«*

Diese Aussagen stehen gänzlich im Widerspruch zu sämtlichen anderen Ernährungsempfehlungen, sei es von den VertreterInnen der Vollwerternährung oder von der DGE.

Gegen einen Milchkonsum in Maßen spricht nichts, jedoch ist Milch wegen des hohen Eiweiß- und Fettgehaltes als Nahrungsmittel und nicht als Getränk zum Durstlöschen zu betrachten. Kalorienreiche Getränke sind zuckerreiche Getränke. Genau diese sollen gemieden werden und durch kalorienarme ersetzt werden, zum Beispiel Mineralwasser, Kräuter- und Früchtetees. Auch der Genuß von Bohnenkaffee und schwarzem Tee ist aufgrund des Koffeingehaltes einzuschränken.

Es ist nicht verwunderlich, daß McDonald's derartige Empfehlungen gibt: Der Zuckergehalt von einem Milchshake entspricht 16 Stück Würfelzucker beziehungsweise dem Zuckergehalt einer Tafel Schokolade.

Auffällig ist, daß McDonald's ausschließlich »Menüs« vorstellt mit Getränken ohne Zucker (H-Milch, Mineralwasser, Coca-Cola mit Süßstoff). Das ist vielleicht empfehlenswert – nach Aussagen der Broschüre jedoch nur für diejenigen, die schon Übergewicht haben. Aber so wird vertuscht, daß üblicherweise wohl eher süße Erfrischungsgetränke oder Milchshakes verzehrt werden.

Für KalorienzählerInnen: Ein Milchshake hat fast 200 kcal mehr als Vollmilch, ein Viertelliter Cola 110 kcal im Gegensatz zu seiner kalorienfreien Variante.

Noch eine Anmerkung: Süßstoffe, ob ihre Schädlichkeit als erwiesen gilt oder nicht, steigern die Vorliebe für Süßes und hindern uns daran, mit weniger Süße auszukommen!

## Vitamine

*»Die Vitamine sind im Organismus wichtige Bestandteile von Stoffwechsel-Regulatoren (Enzyme, Hormone). Sie sorgen dafür, daß die Lebensvorgänge im Organismus kontrolliert ablaufen. Jedes Vitamin hat im Stoffwechsel bestimmte Aufgaben. Fehlt es, können diese Aufgaben nicht mehr erfüllt werden, der entsprechende Stoffwechselbereich gerät außer Kontrolle. Bekannt und ins Bewußtsein der Bevölkerung eingegangen ist das Vitamin C als Schleimhaut- und Infektionsschutz, die Vitamine A und D als Garanten für gesunde Haut, gutes Sehen und Knochenwachstum, und die Vitamine der B-Gruppe, insbesondere Vitamin B1 (Thiamin), als Stoffwechselvitamine, zum Beispiel für die Blutbildung und Nervenfunktion.«*

Der Vitamin-C-Bedarf liegt bei 75 Milligramm/Tag. Abgesehen vom Orangensaft ist in den McDonald's-Produkten ein nennenswerter Anteil nur im »McRib« enthalten. Selbst in den Salaten sind nur jeweils vier Milligramm. Mangelt es dem Gemüse etwa an Frische?

Ein anderes kritisches Vitamin ist das Thiamin (Vitamin B 1), das zum Beispiel für den Kohlehydratabbau im Körper gebraucht wird. Von Vollkornprodukten wird es gleich mitgeliefert, beim Verzehr von Auszugsmehl und zuckerreichen Produkten muß es durch andere Nahrungsmittel bereitgestellt werden. Wenn dies nicht passiert, gibt es Mangelerscheinungen: Konzentrationsstörungen, Nervosität... In den USA wird der Thiamin-Mangel bereits verursachernah als »Junk food disease« bezeichnet. In der Bundesrepublik wird die Vitamin-B 1-Zufuhr bei zehn bis 30 Prozent der Bevölkerung als kritisch eingestuft.

Ein Vergleich: Ganzer Weizen enthält 0,48 Milligramm Thiamin, Weizenmehl (Typ 405) nur noch 0,06 Milligramm, die meisten getesteten McDonald's-Produkte enthalten weniger als 0,2 Milligramm; höhere Werte weisen die schweinefleischhaltigen Produkte auf (»MäcRib«, »Chef-Salat« mit Schinken).

### Fette

*»Fette sind sehr energiereich ... Sie liefern die lebensnotwendigen essentiellen Fettsäuren (zum Beispiel Linolsäure) und sorgen außerdem dafür, daß die fettlöslichen Vitamine A, D, E und Carotin vom Organismus aufgenommen werden können. Die essentiellen Fettsäuren finden sich überwiegend in pflanzlichen Ölen. Von den tierischen Lebensmitteln enthalten Geflügel, Schweinefleisch und insbesondere Fisch essentielle Fettsäuren. Lieferanten von tierischem Fett sind: Fleisch und Wurstwaren, Milchprodukte, Fisch und Eier. Lieferanten von pflanzlichem Fett sind: Ölfrüchte (Sonnenblumen, Oliven, Leinsamen, Sojabohnen), Margarine und Speiseöle sowie Nüsse und Vollkornprodukte. McDonald's-Produkte enthalten eine Mischung aus beidem, wobei die Produkte Hamburger, Big Mäc, McRib mehr tierisches und die Produkte Chicken McNuggets, Fischmäc, Apfeltasche und Pommes frites (teilweise) mehr pflanzliches Fett enthalten.«*

Selbst der Fettgehalt der Salate (mit Dressings) liegt unwahrscheinlich hoch: Der Chef-Salat enthält 22,4 Gramm, der Mexicana-Salat 16,2 Gramm. Hier ist anzumerken, daß der Fettbedarf (zirka 90 Gramm/Tag) häufig von den Bundesbürgern um das Doppelte überschritten wird. Bei einem »Menü« mit Big Mäc, Pommes frites und einem Chef-Salat ergibt sich schon ein Anteil von 67,6 Gramm Fett, also mehr als zwei Drittel dessen, was unseren Tagesbedarf ausmacht.

Der Ernährungswissenschaftler Prof. Grimme, Universität Bremen, stellt dazu in seinem Gutachten fest: Die vorgeschlagenen Menükombinationen »beziehen sich ausschließlich auf den besonders hohen Bedarf eines 13 bis 14 Jahre alten Kindes. Deckt aber beispielsweise die

# Übergewicht?

**Ihre Figur**

**hat viele Feinde**

Aber auch einen guten Freund: **redumed.**
Übergewicht macht unzufrieden und unsicher – und führt letztlich zu gesundheitlichen Schäden!
Mit der **redumed**-Methode nehmen Sie leicht und dauerhaft ab.
Ohne Hunger – in nur 10 Min. täglich.
**redumed** hilft Ihnen zu Ihrem persönlichen Idealgewicht zurück.

- **physiologische und kontrollierte Gewichtsabnahme**
- **speziell geschulte Krankenschwestern**
- **unter ärztlicher Aufsicht**

Rufen Sie uns an! Vereinbaren Sie ein kostenloses und unverbindliches Beratungsgespräch.

***TELEFON: (02 28) 69 47 37*** **Für Frauen und Männer**

**Dorotheenstr. 115/Ecke Kaiser-Karl-Ring**
**5300 Bonn 1, Mo. – Fr. 10.00 – 19.00 Uhr**

redumed.
Gewichtsreduktion & Revitalisierung

**Inh. A. Möhwald**

**Auch bei uns: Die Prof.Dr. Aslan-Original-Revitalisierungs-Kur**

*aus: Bonner General-Anzeiger, 14. 8. 1989*

›Menükombination 1‹ bereits bei 14jährigen 48 Prozent der empfohlenen Tageszufuhr an Fett, so errechnen sich für den etwas ungünstigeren Fall einer 19jährigen Frau ... gar 62 bis 81 Prozent der empfohlenen Fett-Tageszufuhr mit Einnahme dieser Mahlzeit. Wie sollen die anderen vier der empfohlenen fünf Mahlzeiten an diesem Tag aussehen?«

Was gänzlich in der Broschüre fehlt, sind Angaben über Zusatzstoffe wie Konservierungsmittel, Geschmacksverstärker ... Auch hätte ich gerne gewußt, aus welchen Zutaten die Produkte bestehen, damit es vielleicht erklärbar wird, weshalb zum Beispiel im McRib 5,5mal soviel Vitamin C ist wie im Salat?! Aber das fällt wohl unter das Firmengeheimnis!

Abschließend ein Urteil, das Prof. Erbersdobler an anderer Stelle (Untersuchungen zur Nährstoffversorgung ausgewählter Bevölkerungsgruppen durch Fast-Food-Verpflegung – in: Ernährungsumschau, Heft 2/1988) über McDonald's-Produkte abgibt: »Man kann sich in der Schnellverpflegung nach ernährungsphysiologischen Richtlinien günstig ernähren, unter der Voraussetzung, daß man das Angebot ›variabel‹ nutzt, nicht zuviel Fett verzehrt und den Rest des Tages besonders viel kohlehydrat- und ballaststoffreiche Lebensmittel in Form von Brot, Kartoffeln, Gemüse, Obst oder geeigneten Salaten zu sich nimmt.«

Wieso denn – die McDonald's-Produkte bestehen doch aus diesen Grundnahrungsmitteln, oder beinahe, oder?

*»Die Speisen bei McDonald's bestehen aus den Grundnahrungsmitteln, wie Fleisch, Brot, Kartoffeln und Milch«*

Wie gut, daß wir es jetzt schwarz auf weiß haben, sonst hätten wir auf ganz andere Gedanken kommen können.

*McDonald's Recklinghausen: Essen auf dem Müllcontainer*

Werner Link

# Big Mäc Lambsdorff

Mit leerem Magen läßt sich schlecht denken, meinten die Organisatoren des FDP-Parteitages Anfang Oktober 1988 in Wiesbaden. Sie nahmen die Offerte des Fast-Food-Giganten McDonald's auch in diesem Jahr wieder dankbar an, die leibliche Versorgung kostenlos zu übernehmen. Durch eine Auflage, neue Verpackungsboxen zu verwenden, die ohne den Ozonschicht-zerstörenden Fluorchlorkohlenwasserstoff (FCKW) hergestellt werden, konnten Proteste, die sich während des letzten Parteitages in Kiel erhoben hatten, vermieden werden.

Eine Verdoppelung des Absatzes war für McDonald's das Ergebnis. Genußvoll bissen die rund 1500 Delegierten und Gäste während zweier Tage in 6000 Hamburger, 3000 Portionen gestanztes Hühnerfleisch sowie jeweils 2500 Portionen Salat und Pommes. Der große Appetit ließ sich auch durch den ausdrücklichen Unmut des Wiesbadener Bürgermeisters Exner (SPD) nicht bremsen.

Exner, der eigentlich nur für ein freundliches Grußwort eingeladen worden war, gab seiner Empörung Ausdruck. Ausgerechnet in der hessischen Kurstadt erlaubten sich die Liberalen, einem amerikanischen Fast-Food-Giganten für Hamburger und Ketchup die Tore zu öffnen. Dort, wo Gourmet-Tempel in großer Zahl sich gegenseitig um die richtige Reihenfolge stritten, werde Atzung in Pappe und Plastik-Geschirr verteilt! Wenn's wenigstens Königsberger Klopse oder Wiesbadener Frikadellen gewesen wären... An den heimischen Mittelstand, so der erzürnte Oberbürgermeister, habe bei der FDP wohl niemand gedacht.

Doch erst mal auf den Geschmack im wirtschaftsliberalen Munde gekommen, gab es für Bedenken keinen Raum mehr. FDP-Chef Otto Graf Lambsdorff unterstützte kurz nach dem Parteitag das Anliegen des deutschen McDonald's-Präsidenten Walter Rettenwender an den damaligen Bundestagspräsidenten Philipp Jenninger, ein mobiles McDonald's-Restaurant im Regierungsviertel einzurichten. Lambsdorff: »Ich unterstütze diesen Wunsch nach Big Mäcs vor allem deswegen, weil meine Mitarbeiter seit langer Zeit lebhafte Klage über die Qualität der Bundestagskantine vorbringen.«

Jenninger mochte sich aber nicht mit den lauwarmen Hackfleischbrötchen anfreunden. In seiner Antwort erklärte er: »Der Firma ist mitgeteilt worden, daß der Deutsche Bundestag aufgrund vertraglicher Vereinbarungen ... keine weiteren Betriebe an andere Unternehmen verpachten dürfe und dies sinngemäß auch für die erbetene Zuweisung eines Standorts für das mobile Restaurant gelte.«

Pauschale Zweifel an der Qualität der Bundestagskantine ließ Jenninger nicht zu. Deshalb forderte er die Mitarbeiter Lambsdorffs auf, konkret zu sagen, was ihnen nicht schmecke.

Die Grünen im Bundestag, denen die Buletten zu einseitig und zu umweltbelastet sind, forderten derweil eine russische »Borschtsch-Stube«.

Ob sich die neue Bundestagspräsidentin um die Gesundheit der Mitarbeiter des Bundestags genauso besorgt zeigt, wird sich noch erweisen müssen.

Die CDU demonstrierte im September 1989 auf dem Parteitag in Bremen mit der Verpflegung durch McDonald's auch in Sachen Eßkultur Bündnistreue zur FDP. Und das gerade auf dem Parteitag, auf dessen Tagesordnung die Rettung der Tropenwälder stand.

Solange – ohne Rücksicht auf die dort lebenden Menschen sowie auf die Auswirkungen auf das weltweite Klima – in Ländern der »Dritten Welt« tagtäglich unvorstellbare Flächen tropischer Regenwälder zerstört werden,

– solange die durch Abholzung der tropischen Regenwälder zerstörte Natur umgewandelt wird in Weideland für die chemisch beschleunigte Aufzucht von Rindermassen,

– solange so gewonnenes Rindfleisch nicht einmal der Ernährung der eigenen Bevölkerung dient, sondern industriell verarbeitet und auf dem Weltmarkt verkauft wird,

– solange der »Rohstoff Rindfleisch« als Devisenbringer zur Abtragung der Schuldenberge verschuldeter Länder benötigt wird,

– solange dieser Rohstoff weltweit zu Buletten verarbeitet wird in industrieller Produktion,

– solange weltweit operierende, sich täglich weiter ausbreitende Fast-Food-Konzerne diese Buletten zu Hamburgern fertigen,

– solange diese Hamburger von unterbezahlten Angestellten ohne soziale Absicherung einer wachsenden Konsumentenschar als schnelles »Essen« angeboten wird,

– solange solches »Essen« Gesundheit schädigt und Eßkultur zerstört,

- solange besonders auch Kinder durch aggressive Werbekampagnen für diese sich ständig ausbreitende »Eß«-Kultur gewonnen und als Werbeträger eingesetzt werden,

- solange die aufwendige Verpackung solchen »Essens« unsere Müllberge in lebensbedrohende Höhen treibt und als ökologische Zeitbombe unsere Umwelt belastet,

- solange die einen am Mangel, die anderen am Überfluß an Nahrung und an einer falschen Ernährung sterben,

- schreitet die Zerstörung der Natur weltweit fort,

- verschärft sich die tödliche weltweite Ungerechtigkeit,

- breitet sich Unfrieden weltweit aus,

= ist das Leben in der Einen Welt in seiner Gesamtheit in Gefahr!

Erklärung zur Ausstellung »Das Brot des Siegers – Perspektiven einer Ketchup-Kultur« (6. bis 26. 3. 1989) im Rathaus der Stadt Oerlinghausen, unterzeichnet von zahlreichen Einzelpersonen und Gruppen in Oerlinghausen: unter anderem von amnesty international, Pfadfinderbund, Bund für Umwelt und Naturschutz (BUND), Fachschaftsgruppen des Städtischen Gymnasiums, Kolpingfamilie St. Michael und Ökumenische Initiative Eine Welt

Katrin Greifeld

# McDonald's und die »Dritte Welt«

»Wetten, daß ... Sie der Versuchung nicht widerstehen können, sich Ihr Gewissen durch Werbegags von McDonald's korrumpieren zu lassen?«

So und ähnlich empört reagierten viele, als sie 1988 erfuhren, daß Show-Master Thomas Gottschalk einen Werbevertrag für McDonald's unterzeichnet hatte. Von 1,2 Millionen DM ist die Rede - ein satter Nebenverdienst für einen Fernsehstar, der für viele Jugendliche bis zu diesem Zeitpunkt eine Art Vorbild und Jugendidol war.

1989 unterzeichnete er einen Folgevertrag, der mit Sicherheit nicht schlechter bemessen ist.

1988 starteten Schülerinnen und Schüler des Georg-Büchner-Gymnasiums in Berlin eine Briefaktion, mit der sie Gottschalk aufforderten, über die Firma nachzudenken, für die er arbeitet, und Stellung zu ihren Vorwürfen zu beziehen. Denn: »Wir wollen nicht so dastehen, als seien wir die drei Affen, und später sagen, daß wir nichts wußten, obwohl wir es wußten! - Es gibt viel zu tun!«

Mehrere Wochen ließ Tommy ins Land ziehen, bis er sich bei der PR-Abteilung des Konzerns kundig gemacht hatte.

Die Schüler und Schülerinnen wurden ungeduldig. Der Lehrer, Ulrich Hornickel, mahnte an. Dann endlich kam die Antwort. »Die Zeit« berichtete am 3. Februar 1989 darüber:

*»Nichts gegen Werbung, aber für Hamburger??? Dir isses ja auch egal, womit du Geld machst, Hauptsache money, money, money, wa?« ...*

*O Gott, O Gott, O Gottschalk!*
*Wir hätten Dich alle lieber,*
*ohne dein »Bic-Mäc-Fieber«,*
*Mach' keine Geschäfte mit McDollar,*
*dann bist Du einfach toller.*
*Stopp Deine Werbung für'n Bic Mäc,*
*oder bleib halt sitzen auf McDreck!*

*Täglich findet der Fernseh-Liebling der Nation neue Briefe empörter Fans auf seinem Schreibtisch. Die Kritik ist heftig: Durch seine Werbekampagne für den McDonald's-Konzern sei er indirekt an der Abholzung des tropischen Regenwalds beteiligt. Mit seinen Sprüchen wecke er bei den Bürgern ein unsinniges Bedürfnis nach Burgern, das der »größte Koch der Welt« nur befriedigen könne, wenn mehr Rindfleisch produziert werde. Mehr Rinder aber brauchten mehr Weideland, mehr Weideland bedeute weniger Wald. »Immer Kaviar ist doch Käse«, bekennt der Showmaster Abend für Abend im Fernsehen. Gottschalk scheint der etwas anderen Frikadelle in Liebe zugetan, der Prämie auch – über eine Million, wird gemunkelt.*

*Aber Geld ist bekanntlich nicht das Wichtigste im Leben, und so verteidigt sich der engagierte Gourmet tapfer gegen die Vorwürfe seiner Fans: McDonald's importiere doch gar nichts aus der Dritten Welt. Er, Thomas Gottschalk, habe da »genau recherchiert«.*

*Für seine Auftraggeber gingen nur süddeutsche Rinder den Weg allen sogenannten Hackfleisches. Und daß es in Bayern keinen Regenwald gebe, wisse schließlich jeder.*

*Da gibt es jedoch noch ein weitereres Problem: Nachweislich wird in Südamerika angebautes Sojaschrot an die armen McDonald's-Tiere verfüttert. Der Show-Master hat auch hier ein passendes Argument zur Hand: »Die Menge ist unerheblich.« Er sehe deshalb keinen Grund, auf seinen »ab und zu geliebten Big Mäc zu verzichten«.*

Die Antwortbriefe Gottschalks auf vielfältige Aktionen ähneln sich. Auch der Landesvorstand der Evangelischen Landjugend in Bayern und viele andere Gruppen und Einzelpersonen haben damit ihre Erfahrungen gemacht.

Zur Klarstellung: McDonald's ist nach wie vor mitschuldig an der Abholzung der Regenwälder. Das Vorlegen sogenannter Dokumente zeigt nur, auf welch fadenscheinige Weise McDonald's einen Persilschein bekommen will. Fremdsprachige Texte werden ungenau übersetzt, so im Falle eines McDonald's-Lizenznehmers, der ein Schreiben zur Entlastung des Konzerns vorgelegt hatte. Es stammt von der Fleischfabrik Monte Cillos in Costa Rica, die nun bestätigt, daß keine »Rindfleischpatties« (»tortas de carnes de res«) in die USA geliefert würden. Doch davon war nie die Rede, sondern immer von losem Fleisch, nicht von gefrosteten Fleischplätzchen. Die Tatsache, daß die Fabrik ihre Aussage nur auf *»tortas* de carne de res« spezifiziert hat, muß also einen Grund haben: daß nämlich anderes Fleisch sehr wohl geliefert wird. Nicht einmal dieser »Kronzeuge« will bestätigen, wie McDonald's es gerne will, »daß überhaupt kein Fleisch an Fast-Food-Ketten in den USA geliefert wird«.

Die Regenwaldkritik richtet sich hierzulande aber gegen eine andere Tatsache, die mit dem Satz umschrieben wird: »Unser Vieh frißt das Brot der Armen.« Klein-

*Edmund Brandt, Fleischexperte, im Auftrag bundesdeutscher Entwicklungshilfe in Costa Rica: »McDonald's und andere kaufen natürlich in Mittelamerika Fleisch für den Markt in den USA.«*

bauern werden in Lateinamerika von fruchtbarem Land vertrieben, um Großbauern für deren mechanisierte Sojaproduktion Platz zu machen. Das Soja wird zum überwiegenden Teil in die Europäische Gemeinschaft exportiert, wo es in die Tröge des Viehs wandert.

McDonald's behauptet, daß die für sie verarbeiteten alten Milchkühe kein Soja zu fressen bekommen, denn es hemme die Milchbildung und könne zu Unfruchtbarkeit führen.

Warum gibt es im Allgäu wohl die Bauernregel, daß ein Kilo Soja den Milchertrag um einen Liter pro Kuh und Tag steigert? Warum gibt es das »Milchleistungsfutter« des Raiffeisen-Kraftfutterwerks Stuttgart, das zu 15,5 Prozent aus Sojaschrot besteht und sich »unbegrenzt für alle Tiere eignet«?

MILCHLEISTUNGSFUTTER III

(Erganzungsfuttermittel für Milchkühe)

32C/P

**Innaltsstoffe (%):**
30,0 Rohprotein, 2,5 Rohfett, 10,0 Rohfaser, 11,5 Rohasche, 1,70 Calcium, 0,70 Phosphor, 0,45 Natrium

**Zusatz je kg Mischfutter:**
20.000 IE Vitamin A, 4.000 IE Vitamin D3
Haltbarkeitsdauer für Vitamine: bis 3 Monate nach Herstellung.

**Zusammensetzung (%):**
28,0 Rapsextr.schrot, 15,5 Sojaextr.schrot, dampferhitzt 30,5 Sonnenblumenextr.schrot aus teilgeschälter Saat, 15,0 Ackerbohnen,0,5 Pflanzenfett, 3,4 Calciumcarbonat, 1,2 Natriumchlorid, 3,0 Zuckerrübenmelasse, 2,9 Wirkstoffvormischung.

Herstellungsdatum und Nettogewicht: siehe Sackaufdruck bzw. Begleitpapiere.

**Fütterungshinweise:**
RF 32 C ist ein Milchleistungsfutter, das bei sehr eiweissarmen Grundfutterrationen als Ausgleichsfutter eingesetzt wird. Wird RF 32 C mit Getreide oder Trockenschnitzeln im Verhältnis 1:2 verschnitten, erhält man ein nach Eiweiss und Energie ausgeglichenes Milchleistungskraftfutter. Energiestufe 1 (5,9 MJ NEL)

4333/23

RAIFFEISEN-KRAFTFUTTERWERK STUTTGART

Sunny-Boy Thomas Gottschalk ist der Renner für das McDonald's-Marketingkonzept, in das er laut Marketing-Chef Rolf Kreiner »voll integriert« wurde. Kreiner: »Ich glaube, daß sich sein Bekanntheitsgrad und dann jene Sympathie, die er ausstrahlt, in Umsatz münzen läßt.

Sein werblicher Auftritt für McDonald's half sichtbar, die Marke der Akzeptanz zu erhöhen. Vor allem bei jenen, die uns vorher noch sehr zurückhaltend gegenüberstanden.« Allein 1988 wurden 47,3 Millionen DM in die Werbung gesteckt. McDonald's läßt sich die Werbung etwas kosten, im vollen Bewußtsein, daß die Ware nicht an den Mann und an die Frau, besonders aber an die Kinder und Jugendlichen, die finanzstarken Kunden von morgen, zu bringen wäre.

### Keine offenen Karten

Im September 1988, kurz vor dem Aktionstag anläßlich des Welternährungstages »BÜRGER GEGEN BURGER – Das Hackfleisch-Imperium stoppen!«, machte Rolf Kreiner eine Zusage. Er bot eine landwirtschaftliche Betriebsbesichtigung an, um zu beweisen, daß nicht mit Soja-Kraftfutter gefüttert werde.

McDonald's ist bereit, einige Betriebe zu zeigen, in denen für McDonald's Fleisch produziert wird, aber nicht alle. Schon gar nicht will der Konzern Einblick in sein komplettes Bezugsquellenverzeichnis geben. Erst eine solche Liste könnte dann zeigen, woher das Fleisch kommt.

Regenwaldvernichtung und Verelendung der Bevölkerung in der »Dritten Welt« für die Nahrungsmittelindustrie der Industrienationen und als deren Speerspitze der Fast-Food-Ketten und hier – als Marktführer – McDonald's, dagegen richtet sich die Kritik. Wenn das Allgäu, aus dem McDonald's angeblich sein Fleisch bezieht, tatsächlich kraftfuttermittelfrei wäre, dann hätten die bayerischen Milchbauern eine Oase innerhalb der EG aufgebaut. Und das wäre weit über die bayerischen Grenzen hinaus bekannt.

## Das Hackfleisch-Imperium stoppen

Mehr als 4 000 Menschen beteiligten sich am gleichnamigen Aktionstag anläßlich des Welternährungstages am 14. Oktober 1988. In mehr als hundert Städten wurde mit phantasievollen Aktionen informiert über die Folgen der Fast-Food-Ernährung, über die Konsequenzen aus den Futtermittelimporten aus der »Dritten Welt«, über Müllberge durch Einwegverpackungen, über Energieverschwendung und so weiter.

McDonald's - nicht faul - machte sich gleich daran, Gegenflugblätter in 10 000er Auflage zu drucken, die an jedem Laden, der mit Aktionen beglückt wurde, von Angestellten verteilt wurden: »McDonald's informiert«. Kritik an ihm faßte der Fast-Food-Konzern in einer naiven Frage zusammen: »Ist McDonald's ein Mitverursacher von sozialen und ökologischen Schäden in Dritte-Welt-Ländern?« Auf diese und andere Kritikpunkte wurde - wie schon gewohnt - mit Halbwahrheiten und ausschweifenden Texten geantwortet: »Daher ist die tatsächliche Menge des an Milchkühe verfütterten Sojaschrotes überhaupt nicht genau ermittelbar. Fest steht lediglich, daß sie im Vergleich zu der in der Bullenmast eingesetzten Menge unerheblich ist.« Was soll eine solche Aussage angesichts der Tatsache, daß in der Bundesrepublik mehr als 500 Rinder für McDonald's täglich durch den Fleischwolf gedreht werden, angeblich fast alle aus dem Allgäu von Weidetieren? Gesunder Menschenverstand schließt daraus, daß im Allgäu nach kurzer Zeit keine Rinder mehr auf der Weide stehen können, sie vielmehr aus Massentierhaltung kommen müssen. Und auch diese kommt, wie die Milchwirtschaft, nicht ohne Kraftfutter aus.

Strategie ist also, daß Unwahrscheinliches ständig wiederholt wird, ohne daß es dadurch glaubhafter würde, daß Halbwahrheiten zu Wahrheiten stilisiert werden. So erkennt McDonald's die Regenwaldvernichtung als Bedrohung. Aber der Konzern ist nicht mitschuldig: Es sind die Holzindustrie und die Staudammbauer.

## McDonald's und EKD

Die Wellen schlugen hoch, als im Sommer 1988 die Entscheidung des Ausschusses für Entwicklungspolitische Bildung und Publizistik (kurz ABP) der Evangelischen Kirche in Deutschland (EKD) bekannt wurde, das VOLKSMUND Fast-Food-Info- und Koordinationsbüro in Frankfurt nicht über die Anfangsphase hinaus finanziell zu unterstützen. Die Vorgeschichte dazu ist emotionsgeladen und konfliktreich. Eine Zeitung titelte dazu: »Krieg der Klopse - Wie David gegen Goliath«, eine andere: »Evangelische Kirche: Kniefall vor McDonald's«.

Knapp 30 000 DM hatte das VOLKSMUND-Büro im Jahr seines Entstehens vom ABP erhalten, im zweiten Jahr wurden nur noch knapp 20 000 DM beantragt. Was für eine lächerliche Summe, setzt man sie ins Verhältnis zum Werbeetat des Fast-Food-Riesen oder zur Werbegage von Thomas Gottschalk.

Doch einigen McDonald's-Lizenznehmern aus dem Hessischen war auch das schon zuviel. Empört schrieben sie Briefe an die Kirchenleitung in Hannover: »Hier sind Schreibtischtäter am Werke, deren Ziel es ist, sich eine fanatische Anhängerschar zu schaffen, die auch vor Gewalt gegen die stigmatisierten Feinde - in Gestalt unserer Restaurants - nicht zurückschreckt.« Unverhohlen drohten sie mit Kirchenaustritt auch ihrer Angestellten mit Hinweis auf ihre Kirchensteuerbeiträge von zirka 1,4 Millionen DM (1986).

Die Konzernspitze distanzierte sich scheinbar davon, lieferte jedoch gleichzeitig die notwendigen Materialien für den schmutzigen Kampf ungleicher Kontrahenten. McDonald's erhielt in aller Ausführlichkeit Gelegenheit, seinen Standpunkt vor den Verantwortlichen der Kirchenleitung darzulegen. Im Falle des VOLKSMUND-Büros beauftragte sie einen Gutachter, Prof. Grimme, Ernährungswissenschaftler an der Universität Bremen, um den Vorwürfen nachzugehen.

Er kommt zu dem Ergebnis, daß die von McDonald's dementierte Behauptungen von VOLKSMUND nie aufgestellt worden sind - zum Beispiel, das Info-Büro habe verbreitet, daß in Deutschland Fleisch aus Mittelamerika verwendet würde, was von VOLKSMUND nachweislich nie gesagt worden ist.

Auch hier läßt sich leicht die Strategie deutlich machen, daß der Fast-Food-Riese versucht, seine KritikerInnen unglaubwüdig zu machen, indem er ihnen angebliche Aussagen zuschreibt, die in dieser Form nicht stimmen und nicht gemacht worden sind.

Prof. Grimme kommt zu der Empfehlung, daß »die Grundlagen zu verbessern« seien, auf denen »Organisationen wie VOLKSMUND ihre nahrungspolitische Arbeit aufbauen können«, und »die Arbeit des VOLKSMUND-Büros inhaltlich zu verbreitern und qualitativ zu verbessern« - Empfehlungen, die der Entscheidung des ABP, das Büro nicht weiter zu unterstützen, diametral entgegengesetzt sind. So kommentierte dann die »Zeit«: »McDonald's droht, die Kirche kuscht«.

Als Folge dieses Streits bildete sich eine breite Solidarisierungswelle für VOLKSMUND, um die Arbeit des Büros aufrechtzuerhalten: um aufzuklären über die Zusammenhänge zwischen der »Dritten Welt« und unserem Verhalten, über ökologische Schäden, Fehlernährung und Konzentration in der Nahrungsmittelindustrie, die auf uns alle ihre Auswirkungen haben.

Treffend wird in diesem Zusammenhang von Prof. Grimme die »McDonaldisierung« genannt, was nicht »die Beschreibung eines Prozesses für Fast Food« ist, »sondern generell die Einflußnahme eines organisierten

Lebensmittelverarbeiters mit integrierten Vertriebssystemen mit der Potenz, die schwächsten Glieder der Nahrungssystems, die Landwirte und die Verbraucher, für ihre Zielsetzungen einzusetzen, zu benutzen und zu konditionieren«. Das geht uns alle an.

Thomas Hax

# Bürger gegen Burger

Als im Herbst 1980 Mitglieder des Arbeitskreises Dritte Welt der Pfarrgemeinde St. Peter in Recklinghausen mit Handzetteln gegen die drohende Eröffnung einer McDonald's-Filiale in der Ruhrgebietsstadt protestierten, ernteten die Initiatoren zumeist nur fragende Blicke und Kopfschütteln. Vier Jahre später veranstaltete die Gruppe ein Straßentheater vor dem Eingang des natürlich nicht zu stoppenden Hackfleischgiganten. Mitten in der vorweihnachtlichen Hektik verharrten schon beachtlich mehr Menschen auf dem gerade stattfindenden Weihnachtsmarkt, um sich durch Gesang, Pantomime und ein Marionettenstück über die Zusammenhänge zwischen Hamburgern und der Verelendung in der Dritten Welt informieren zu lassen. Mit traditioneller Melodie, jedoch verändert im Text, schallte es zwischen Rotweinständen und Grillbuden:

*Old McDonald's hat 'ne Farm hia hia ho*
*verkauft Buletten groß und warm hia hia ho*
*das täglich Brot entbehrlich ist*
*dem, der sein täglich Würstchen frißt*
*die Dritte Welt, daß Gott erbarm, hia hia ho*
*die liefert Futter für die Farm hia hia ho*

In dem Marionettenstück, bei dem die Puppenspieler Großgrundbesitzer, EG-Funktionäre und McDonald's-Manager waren, die brasilianische Kleinbauern, hiesige Landwirte und Hamburger-Konsumenten an Gummibändern führten, wurde die Misere des Sojabooms im Dienste einer skandalösen EG-Überproduktion aufgezeigt, die in Brasilien zum Beispiel Jahr für Jahr immer mehr Menschen land- beziehungsweise brotlos werden läßt.

Dieser Aktion folgten viele weitere in der ganzen Bundesrepublik. Die Einrichtung des Info- und Koordinationsbüros »VOLKSMUND« in Frankfurt im Jahre 1987 trug dem steigenden Interesse unzähliger Umwelt- und Dritte-Welt-Gruppen Rechnung. Die Medien berichteten über die bundesweite Initiative. Kaum eine regionale oder überregionale Zeitung ignorierte den Protest gegen Fast Food.

Das Aktionsbündnis zwischen der Arbeitsgemeinschaft Bäuerliche Landwirtschaft, dem Bundesverband der katholischen Landjugendbewegung, dem BUND, der Deutschen Pfadfinderschaft St. Georg, der Naturschutzjugend, Robin Wood, der Verbraucherinitiative und anderen Gruppen und Verbänden erwies sich als stabil und überzeugend, eine Erfahrung, die bislang in der Solidaritätsbewegung selten genug war!

## Aktionen am Welternährungstag

Es tat sich was an jenem 15. Oktober 1988: Am Morgen staunten MitarbeiterInnen und Kundschaft der McDonald's-Filiale in Münster sicherlich nicht schlecht, als sie sich in der Einfahrt zum McDrive unverhofft mit einem fünf Tonnen schweren Sandhaufen konfrontiert sahen. Über dem Haufen wehte ein Transparent mit der Aufschrift »Die Wüste wächst – dank McDonald's«. Die örtliche Robin-Wood-Gruppe hatte die Idee zu dieser symbolischen Aktion.

In Osnabrück formiert sich seit geraumer Zeit eine breite Front der Fast-Food-Kritiker. Bereits im Jahre 1987 machte die Deutsche Pfadfinderschaft St. Georg (DPSG) mit der Erklärung »Fast Food macht Hunger« bundesweit auf sich aufmerksam. Unter dem Motto »Ökotopia '87« hatten sich Leiter im Diözesanverband Osnabrück mit Fragen zur Ökologie und Umweltzerstörung auseinandergesetzt. Ein Arbeitskreis entwarf die umfangreiche Erklärung, welche zahlreiche Mitunterzeichner fand. Anläßlich des Jugendtreffens beim Bundespräsidenten machten sieben Pfadfinder auf die zerstörerischen Folgen der neuzeitlichen Eß-Unkultur aufmerksam, wobei Herr von Weizsäcker, nach Erhalt einer DPSG-Resolution, eingestand, daß auch er herzhaft wenig von Fast Food hält.

Auch zu jenem 15. Oktober wurde die Welternährungsgruppe im Osnabrücker Aktionszentrum Dritte Welt aktiv. Ziel war es, den »american way of life« beziehungsweise den kapitalistischen Traum vom vielzitierten Aufstieg des Tellerwäschers zum Millionär kritisch zu beleuchten. Man mietete eine Plakatwand an zentraler Stelle am Hauptbahnhof an, wo für alle sichtbar eine provokative Zeichnung und ein satirischer Text auf das Thema aufmerksam machten. Naturschutzjugend und Falken beteiligten sich an einem Infostand in der Innenstadt, wobei Mitstreiter aus Pappmaché gefertigte Rindsköpfe trugen.

Ärger gab es durch eine wohl eher überzogene Polizei-Aktion in München, wo bei McDonald's am Stachus vier Mannschaftswagen erschienen, Plakate beschlagnahmt wurden, weil in bunter Koalition Omas und Teenies, Umweltschützer, Grüne, Jusos und Vertreter von Dritte-Welt-Gruppen, so die Polizei, »den Zugang verhinderten«. Zuvor hatten sich rund 100 Personen unter die Kunden gemischt und orangene Luftballons mit der Aufschrift »Bürger gegen Burger« aufgeblasen. Der Filialleiter wertete die Vorgänge drinnen wie draußen als »Besetzung« und wurde handgreiflich.

Der Phantasie war an diesem Tag wirklich keine Grenze gesetzt. Während man in München den Protest doch eher fröhlich zu gestalten versuchte, rollte man der US-Firma in Mainz gar Kuhköpfe vom Schlachthof vor die Tür. Dieser drastischen Mittel bediente man sich aus gutem Grund, denn es ist einfach schlecht möglich, Themenkreise wie »Massentierhaltung« und »Hunger durch Exportwirtschaft« ausschließlich über Texte bewußt zu machen, wenn nachhaltige Betroffenheit erzielt werden soll. So legte die BUND-Jugend in Reichenbach-Birkenfeld eine Puppe zwischen einen Hamburger mit einem Durchmesser von 1,5 Metern und zog mit dieser Konstruktion zunächst zu McDonald's, dann zu Burger King im NATO-Sperrgebiet. In Reichenbach-Birkenfeld leben etwa 5000 Deutsche und 40000 US-Amerikaner.

Für einen Tag stand die Republik im Zeichen von Anti-Fast-Food-Aktionen: Mahnwachen vor Hamburger-Läden in Berlin, Infostände und Protestmärsche in Celle, Tübingen und Konstanz erwiesen sich als geeignetes Mittel, eine beträchtliche Zahl von Beobachtern zumindest nachdenklich zu stimmen. In der Düsseldorfer Innenstadt holte ein BUND-Zauberer einen Hamburger ganz besonderer Art aus seinem Zylinder. Zwischen zwei Tropenholzbrettchen war eine Spielzeugschildkröte gequetscht: »Schildburger – das sind wir alle, wenn wir den Behauptungen von McDonald's glauben!«, so der Zauberer.

Sehr früh stand fest, daß der 15. Oktober 1988 kein Einzelfall bleiben darf. Wenn auch ein bundesweiter Boykottaufruf aus verschiedenen Gründen auf sich warten lassen dürfte, so war das Jahr 1989 von zahlreichen Erfolgen auf der Aktionsebene gekennzeichnet, die deutlich machen, daß die Kritik nicht verstummt, mögen auch die Verkaufsziffern der Hamburger-Ketten eher nachdenklich stimmen. »Als Konsumenten sind wir in dieses weltweite System der Ungerechtigkeit eingebunden. Wir sind Mit-Täter und Mit-Opfer zugleich.« (DPSG)

## Proteste gegen McDonald's-Neueröffnungen

Heike Laue von der Grünen Liste in Itzehoe mußte die eher enttäuschende Erfahrung machen, daß sie zu einer Minderheit im Rat der Stadt gehört, die sich ernsthafte Sorgen um die Gesundheit der Bevölkerung macht, weil das 71. McDrive auf einer Fläche von rund 2 500 Quadratmetern alsbald im Norden Deutschlands eröffnet werden soll. Frau Laue plädiert für ein Restaurant mit Vollwertkost, aber Vertreter der anderen Fraktionen räumen McDonald's gute Chancen ein. Mittlerweile meldet auch die Initiative »Eltern für unbelastete Nahrung« ihren Protest an, jedoch wird es bis auf kleinere Debatten zum Bebauungsplan kaum Möglichkeiten geben, den Siegeszug des Ketchup-Imperialismus zu verzögern.

Drastische Formen nahm der Streit um eine McDonald's-Niederlassung in der altehrwürdigen Frankenstadt Rothenburg ob der Tauber an. War diese mittelalterliche Idylle schon immer Touristenmagnet Nr. 1, so reißt seit der unmittelbaren Autobahnanbindung Rothenburgs im Herbst 1987 die Zahl der ohnehin schon zum Stadtbild gehörenden Busse nicht ab, die freundlich lächelnde und zudem nicht selten hungrige Touristen aus allen Ländern zu einer der letzten Oasen deutscher Behaglichkeit karren, um sie nach eiliger Rundtour durch eine mittlerweile beklemmende Mischung zwischen Nepp und Historie zur nächsten Sehenswürdigkeit zu fahren. Wen wundert's, daß McDonald's hier angesichts der Zahl von 45 000 bis 60 000 Touristen an Tagen der Hochsaison eine Laufkundschaft wittert, die die Kassen klingeln läßt?

Schon seit Jahren beschweren sich die Bürger und Gäste, die Stadt habe ihren Reiz verloren; Leuchtreklamen und Souvenirläden in Hülle und Fülle würden die Stadt ihrer ehemaligen Attraktivität berauben. Der Bund Naturschutz in Bayern machte mobil. Vor allem in den

MC
DONALDS
M
KETCHUP

Schulen starteten Pädagogen und Umweltschützer eine umfangreiche Aufklärungskampagne.

Dem Aufruf der Naturschutzgruppe folgten in erster Linie junge Menschen, aber auch Passanten bekundeten ihre Sympathie für den Protest, daß eine alte Rothenburger Drogerie in unmittelbarer Nähe des Marktplatzes zu einer McDonald's-Filiale umgebaut wurde. 125 Menschen formierten sich vor dem Fast-Food-Lokal, verteilten Handzettel und sangen kritische Lieder.

Wochen und Monate zuvor hatte es auch heftigen Streit im Rat der Stadt diesbezüglich gegeben, weil am Beispiel McDonald's immer wieder kritisiert wurde, die Verwaltung würde im Interesse des Geschäfts Verunstaltungen des alten Stadtbildes unreflektiert hinnehmen. Oberbürgermeister Hachtel (SPD) zeigte sich in einem Gespräch mit dem AK 3. Welt St. Peter/Recklinghausen eher verzweifelt. Abgesehen von Appellen an McDonald's habe man keine große Handhabe. Er persönlich betrachte den Einzug des Hamburger-Königs als schwarze Stunde für Rothenburg, das bei anhaltendem Trend im besten Begriff sei, zur drittklassigen Vergnügungsstätte abzusinken.

Das Beispiel Rothenburg ob der Tauber zeigt sehr deutlich, daß bei der Niederlassung von McDonald's städte-

Ein schwarzer Tag für Rothenburg ob der Tauber

**Bürger gegen „Burger“**

**Wir demonstrieren gegen die Eröffnung von „Mc Donalds“ in Rothenburg!**

Denn: wir sind gegen eine neue Plastik-Müll-Lawine

Denn: wir wollen unsere „Grüne Lunge“, die tropischen Regenwälder, nicht weiter zerstören

Denn: Wir brauchen kein Fast-food vom Fließband

**Machen Sie mit – nehmen Sie teil an der Protestversammlung**

Treffpunkt: **Samstag, 8. April 1989, 11 bis 12 Uhr,**

**Obere Schmiedgasse zwischen Johanniskirche und Markt**

**BUND NATURSCHUTZ ORTSGRUPPE ROTHENBURG OB DER TAUBER**

bauliche Interessen zu kurz kommen; bloße Fassadenpolitur durch McDonald's reicht da nicht.

Die ökologischen und sozialen Folgen des Hamburgerkonsums sind in der Diskussion. Hierbei läßt die Kreativität der um Veränderung bemühten Initiativen in keiner Weise nach. Positiv fällt bei den zahllosen Aktionen auf, daß man bestrebt ist, möglichst viele Gruppen und Verbände in Städten und Kreisen für die Sache zu gewinnen. Lehrerinnen und Lehrer des Gymnasiums von Oerlinghausen, seit Jahren in Fragen der Entwicklungspolitik engagiert, formulierten, dem Beispiel der Osnabrücker DPSG folgend, die »Erklärung von Oerlinghausen«, mit der sich über Glaubens- und Weltanschauungsgrenzen hinweg zahlreiche Bürgerinnen und Bürger der Absage an Fast Food anschlossen. Willi Steinmann: »Das lokale Bündnis muß stehen, denn der Alltag ist maßgebend bei Entscheidungen der Konsumenten, was sie ändern, worauf sie verzichten wollen. Da spielt das Verhalten der lieben Nachbarn schon eine Rolle.«

Überall halten kritische Zeitgenossen die Kritik an McDonald's und anderen Fast-Food-Ketten in Gang, da sie diese Unkultur auf dem Rücken der Menschen in der »Dritten Welt« nicht akzeptieren können und wollen.

Siegfried Pater

# Argumente pro und contra Fast-Food

Inzwischen reagieren die Fast-Food-Unternehmen auf ihre Kritiker: Sie lassen in ihrer Konzernpolitik alles beim alten – mit einer Ausnahme. Sie bombardieren Medien, die sich kritisch mit der Fast-Food-Kultur befassen, mit Werbematerial, das die Vorwürfe entkräften soll. Zeitungsanzeigen werden geschaltet, in denen es etwa heißt: »Die Wahrheit über McDonald's ist, und das steht außer Zweifel, wir haben qualitativ hochwertige Produkte anzubieten. Schon die Zutaten sind erste Klasse. So verwenden wir nur bestes Fleisch und Brot aus deutschen Landen. Die Wahrheit ist auch, McDonald's tut viel für seine Mitarbeiter. Wir zahlen leistungsgerecht und mehr, als die entsprechenden Tarife in den einzelnen Bundesländern vorschreiben.« (Darmstädter Echo, 28. November 1987) Die Kritiker sollen als unglaubwürdig dargestellt werden.

Die Öffentlichkeitsarbeit hat durchaus Wirkung. So hat es die Evangelische Kirche nach Beschwerden und Drohungen von McDonald's-Lizenznehmern, aus der Kirche auszutreten, abgelehnt, das Frankfurter VOLKSMUND-Büro weiter zu unterstützen.

Im folgenden sind thesenartig einige Behauptungen von Fast-Food-Befürwortern aufgeführt und mit Gegenargumenten beantwortet.

Pro: »Fast-Food-Konzerne importieren überhaupt kein Fleisch aus der Dritten Welt. Unternehmen wie Burger King waren durchaus bereit, ihre Importe etwa aus Mittelamerika einzustellen. Die Fast-Food-Konzerne sind also nicht für diese Zerstörung des Regenwaldes verantwortlich zu machen.«

Contra: Burger King, das den Import von Fleisch aus der Dritten Welt in die USA immer zugegeben hat, hat eigenen Angaben zufolge 1987 die Fleischeinfuhr aus Costa Rica und anderen Regenwaldgebieten eingestellt. Dies geschah nach einem Fast-Food-Boykott und entsprechender Öffentlichkeitsarbeit engagierter Gruppen in den USA.

Anders als Burger King hat McDonald's beständig geleugnet, Fleisch zu importieren, ohne dabei allerdings jemals genaue Zahlen zu veröffentlichen, woher das für McDonald's verwendete Fleisch im einzelnen stammt. In dem Film »Dschungelburger« von Peter Heller wird Sergio Quintana von der costaricanischen Fleischfabrik »Cooperative Monte Cillos« interviewt. »Wir exportieren 95 Prozent unserer Produktion in die Vereinigten Staaten«, sagt der Fleischverarbeiter, der für den Vertrieb zuständig ist. Weiter stellt er klipp und klar fest: »Wir versorgen McDonald's, Burger King und Wendy's.«

Die Viehzucht hatte in Costa Rica die Vernichtung eines Teils des Regenwaldes zur Folge. Die Abholzung des Regenwaldes steht darüber hinaus in Zusammenhang mit Monokulturen wie Soja, die etwa in Brasilien zum Teil auf früheren Urwaldgebieten angelegt worden sind. Sojaschrot wird den Rindern als Kraftfutter-Beigabe zum Fraß vorgeworfen.

Pro: »Selbstverständlich bestehen Handelsbeziehungen zwischen der Dritten und der Ersten Welt, auch in Form von Futterimporten für das Vieh in der Bundesrepublik. Jedes Schnitzel ist insofern ›problembeladen‹. Wieso konzentriert man sich dann aber speziell auf den Bereich Fast Food, obwohl andere Bereiche genauso zu kritisieren wären?«

Contra: Die Fast-Food-Konzerne gehören weltweit zu den größten Fleischverarbeitern. In der Bundesrepublik vertreibt allein ein Anbieter – McDonald's – ein Hundertstel des insgesamt angebotenen Rindfleisches. Diese Zahl allein spiegelt aber die Wirtschaftsmacht der Fast-Food-Unternehmen noch nicht ausreichend wider. Berücksichtigt werden müssen auch die vielfältigen Beziehungen zu Fleischverarbeitern, Großbäckereien, Verpackungsherstellern und so weiter. Dazu kommt eine umfassende Werbung, für die fünf Prozent des Gesamtumsatzes ausgegeben werden. Jeder Hamburger, der gekauft wird, unterstützt also das starke Expansionsstreben der Fast-Food-Unternehmen und hat Rückwirkungen auf den Fleischverzehr, auf die Ernährungsgewohnheiten und den Lebensstil insgesamt.

Daß nicht nur Fast-Food-Konzerne, sondern auch andere Bereiche in der Landwirtschaft und der Ernährungsindustrie zu kritisieren sind, ist richtig. Dies entlastet aber die multinationalen Schnellimbißketten nicht, sondern muß als Aufforderung verstanden werden, die Gesamtzusammenhänge im Auge zu behalten.

Pro: »Internationaler Handel, Import und Export sind immer wechselseitige Beziehungen und Tauschgeschäfte, an denen beide Seiten Interesse haben. Kein Mensch zwingt die Länder in der Dritten Welt dazu, einem anderen etwas zu verkaufen. Wenn sie beispielsweise Futtermittel exportieren, so ist dies auch ihr Eigeninteresse.«

Contra: Die Exportpolitik vieler Entwicklungsländer steht im Zusammenhang mit ihren Schulden in Milliardenhöhe. Der Internationale Währungsfonds und die Weltbank binden die Gelder, mit denen die Schulden getilgt werden können, an die Bedingung, daß die betroffenen Staaten ihren Export steigern. Das Tauschverhältnis ist also verzerrt. Im landwirtschaftlichen Bereich beispielsweise führen Dritte-Welt-Länder Fleisch aus, müssen aber Geld für Spritzmittel, Schädlingsbekämpfungsmittel und Düngemittel ausgeben. So werden Fleisch und Geld aus dem Land gebracht, und das importierte »Gut« ist in erster Linie das Gift der Chemiekonzerne.

Pro: »Daß McDonald's ein Umweltverschmutzer ist, stimmt nicht. Die Firma läßt ihre Hamburger-Verpackungen seit Mitte 1988 nicht mehr mit Fluorchlorkohlenwasserstoff (FCKW) aufschäumen.«

Contra: Die Umstellung in der Produktion der Polysterol-Verpackungen wird für eine zweigleisige PR-Kampagne benutzt. Hintergrund ist dabei eine Abmachung mit der FDP: McDonald's beliefert die Delegierten auf dem Bundesparteitag der FDP in Kiel mit Fast-Food, und als Gegenleistung konnte die FDP sagen, sie sei erfolgreich im Kampf für die Umwelt gewesen und habe McDonald's dazu bewegt, auf FCKW zu verzichten.

Freilich hat sich damit nichts am Verpackungsproblem geändert: Die Fast-Food-Konzerne bestehen nach wie vor darauf, ihre Produkte einwegverpackt anzubieten, und schaffen so riesige Müllberge. Darüber hinaus ist die Arbeitsweise der Systemgastronomie ökologisch fragwürdig, da große Transportwege anfallen und enorme Energiemengen etwa für die Kühlung der Produkte aufgewendet werden müssen.

# Weitere Informationen

**VOLKSMUND**
**Fast-Food-Info- und Koordinationsbüro**

VOLKSMUND vermittelt ReferentInnen und bietet auf Anfrage zu einem breiten Spektrum komplexer Probleme des Fast-Food-Business spezifische Informationen und Arbeitshilfen für die »Dritte-Welt-Pädagogik« an. Die Themen reichen von gesundheitsschädigenden Chemikalienrückständen im Fleisch über untertarifliche Arbeitslöhne bis hin zum »Verfall der Eßkultur«. Unter die Lupe genommen werden die Vernichtung der für das weltweite Klima so wichtigen Regenwälder wie auch die Monokulturen in den sogenannten Entwicklungsländern zum Zwecke der Futtermittelexportsteigerung und die Verdrängung kleinbäuerlicher Landwirtschaftsbetriebe innerhalb der EG. Im Brennpunkt der Auseinandersetzungen mit der Fast-Food-Industrie stehen nicht nur die Ozonschäden durch die noch immer verwendeten Häck-Mäck-Verpackungen. Das Transportsystem und die aufwendige Kühlung auf den langen Anlieferwegen, die der enorme Konzentrationsprozeß dieser Industrie mit sich bringt, sind ökologisch genauso wenig verantwortbar wie die Müllberge der Einwegverpackungen. Der Ausverkauf unserer traditionellen Sozialstruktur »Stadt« wird ebenso aufgegriffen wie die skandalöse Normierung der Herzen und Hirne unserer Kinder durch die bilanzierbaren Erfolge der Public-Relation-Manager. So fordert VOLKSMUND das sofortige »Hausverbot« für den Werbeclown

Ronald McDonald, der in Kindergärten und Kinderkrankenhäusern das Image seiner Firma werbeträchtig aufpoliert.

Viele interessierte Gruppen haben durch VOLKSMUND Anstöße bekommen, sich aktiv gegen die industrielle Vermarktung des Essens - immerhin einer unserer letzten Intimbereiche - zu engagieren. Für einige ist das Thema Fast Food der Schlüssel zum Verständnis dafür geworden, wie eng unsere Lebensgewohnheiten mit dem Leben und Sterben von Menschen zusammenhängen, von deren Heimatländern wir kaum mehr als den Namen kennen.

Im Engagement für »Eine solidarische Welt« sind Projektwochen, Seminare in Schulen, Kirchengemeinden, Gewerkschaften und entwicklungspolitisch wie ökologisch orientierte Gruppen entstanden. Es wurden Unterrichtsmodelle entworfen, Straßentheater vor Fast-Food-Läden aufgeführt und Bürgerinitiativen ins Leben gerufen.

VOLKSMUND will nicht nur anhand des handgreiflichen Rinderklopses im Wabbelbrötchen über die brutalen Folgen der totalen Vermarktung unseres Lebens informieren, sondern auch einen intensiveren Austausch der interessierten Leute und Gruppen ermöglichen. Dazu wird der VOLKSMUND-Rundbrief herausgegeben, der die aktuellsten Informationen aus dem Fast-Food-Geschäft enthält und Aktionsmöglichkeiten aufzeigt. Gleichzeitig dient er als Kommunikationsmittel zwischen verschiedenen Initiativen.

*VOLKSMUND, Güntherstraße 16 HH, 6000 Frankfurt/M. 71, Telefon (0 69) 67 13 61*

Im VOLKSMUND-Büro ist eine detaillierte Medienliste erhältlich. Deshalb hier nur die Beschreibung der wichtigsten Filme, Bücher und einer Ausstellung.

## Filme

Das Brot des Siegers oder Die Schlacht um die Mägen der Welt, von Peter Heller, Mitarbeit u. a. Siegfried Pater, 110 Min., Farbe, Verleih: Verleihgenossenschaft der Filmemacher, Nymphenburger Straße 118, 8000 München 19, Telefon (0 89) 18 10 97/98.

Der Film erzählt die Geschichte einer Kulturrevolution. In Form einer dokumentarischen Groteske - unter Verknüpfung von authentischen, dokumentarischen Aufnahmen mit einer inszenierten, satirischen Spielhandlung - geht es um die endgültige Rationalisierung des Essens und die Uniformierung unseres Geschmacks durch die Fast-Food-Industrie.
Prädikat: besonders wertvoll.

Dschungelburger - Hackfleischordnung international, von Peter Heller, Mitarbeit: Siegfried Pater und Mercedes Ramirez, 58 Min., Farbe, Verleih: Verleihgenossenschaft (siehe oben) und viele kirchliche und staatliche Medienzentralen.

Am Beispiel Fleischexporte von Costa Rica in die USA zeigt der rund ein dutzendmal national und international ausgezeichnete Film Stationen des Teufelskreises auf, der, angeheizt durch den Fast-Food-Giganten McDonald's, am Ende zur Vernichtung des Urwaldes, der Landwirtschaft und der Arbeitsplätze in Costa Rica führt.

Der Soja-Komplex oder Die phantastische Geschichte der Eisernen Kuh, von Siegfried Pater und Boris Terpinc, 60 Min., Farbe, Verleih: Verleihgenossenschaft (siehe oben) und Evangelische Medienzentralen.

Mit Billig-Soja aus Brasilien werden bei uns Fleischberge produziert, die auch den Nachschub für die Fast-Food-Ketten in der Bundesrepublik sichern. »Der Film ist unpathetisch und gründet sich auf eine Fülle von Fakten und authentischen Bildern - und gerät deshalb zu einem eindringlichen Appell für die Opfer des internationalen Agrobusiness« (Publik-Forum).

Fast-Food - Eßkultur von morgen?, von Peter Heller, 21 Min., Farbe, Verleih: Verleihgenossenschaft (siehe oben) und Landes-, Kreis- und Stadtbildstellen.

Die Auswirkungen der industrialisierten Nahrung auf unsere Gesundheit stehen im Mittelpunkt dieses Kurzfilmes. Am Beispiel eines hyperkinetischen Kindes werden die schädlichen Folgen der Fast-Food-Ernährung verdeutlicht.

**Bücher**

Christiane Grefe/Peter Heller/Martin Herbst/Siegfried Pater, Das Brot des Siegers - Die Hamburger-Konzerne, Lamuv-Taschenbuch 55, 2. Auflage, Göttingen 1989.

Mittlerweile ein Standardwerk über die »scheinbar harmlose Eß-(Un-)Sitte mit verheerenden Folgen« (Abendzeitung). »Die Journalisten ... beschreiben detail- und kenntnisreich den Aufstieg von McDonald's, Burger King, Wendy's und Kentucky Fried Chicken - den vier größten Fast-Food-Produzenten der Welt.« (Deutsches Allgemeines Sonntagsblatt)

John F. Love, McDonald's - Anatomie eines Welterfolges, Heyne-Taschenbuch, München 1989.

Eine Lobeshymne auf den Fast-Food-Giganten: »McDonald's hat nicht nur das Gesicht der Gastronomie, sondern auch das der nahrungsmittelverarbeitenden Industrie maßgeblich beeinflußt. Es hat quasi im Alleingang den Charakter einer ganzen Branche verändert.«

Siegfried Pater/Boris Terpinc, Zum Beispiel Soja, Lamuv Verlag, 3. Auflage, Göttingen 1989.

Hintergrundmaterial zum Thema »Wie Soja zum Big Mäc wird«. – »Sowohl die Auswirkungen des Soja-Anbaus in Brasilien als auch unsere Ernährungsansprüche werden in ihren Konsequenzen kurz, aber informativ und anschaulich dargestellt.« (Bauernstimme)

**Ausstellung**

Das Brot des Siegers – Perspektiven einer Ketchup-Kultur. Eine Wanderausstellung über die industrialisierte Eß-Kultur, von Peter Heller und Martin Herbst.

In zwölf Etappen wird eine Spurensicherung der menschlichen Ernährungsgeschichte aufgenommen und mit anschaulichen Bildern, Texten und audiovisuellen Medien informativ und anregend umgesetzt und interpretiert.

Verleih: VOLKSMUND, Güntherstraße 16 HH, 6000 Frankfurt/M. 71, Telefon (0 69) 67 13 61

**Qullenverzeichnis**

S. 19 Auszug aus: Christiane Grefe/Peter Heller/Martin Herbst/Siegfried Pater, Das Brot des Siegers – Die Hamburger-Konzerne, Lamuv-Taschenbuch 55, 2. Auflage, Göttingen 1989
S. 20 Auszug aus: Plärrer, Stadtzeitung, Nürnberg, Januar 1986
S. 29 Quelle: The Boxer, Nr. 3, Göttingen o. J. – Copyright: Redaktionskollektiv
S. 48 Auszug aus: Die Grünen im Hessischen Landtag, Agrar- und Verbraucherinfo Nr. 1, Wiesbaden o. J., Copyright: Irene Soltwedel
S. 70 Quelle: VOLKSMUND-Rundbrief, Nr. 8/1988
S. 79 Quelle: VOLKSMUND-Rundbrief, Nr. 12/1988
S. 82 Quelle: Flugblatt der Initiative »Oerlinghauser Erklärung«
S. 102 Auszug aus: Publik-Forum-Aktuell »Bürger gegen Burger«, Copyright: Siegfried Pater

**Abbildungsverzeichnis**

S. 11 Siegfried Pater
S. 14 Siegfried Pater
S. 16 Freimut Wössner/TAZ, 17.7.1989
S. 22 Filmkraft/Peter Heller
S. 24 Aus einer Broschüre des Aktionszentrums Dritte Welt, Osnabrück
S. 27 Gerhard Mester
S. 31 Aus: fast-food-praxis, Nr. 3/1988
S. 33 McDonald's System of Germany Inc.
S. 46 Filmkraft/Peter Heller
S. 49 Siegfried Pater
S. 52 Filmkraft/Peter Heller
S. 55 Siegfried Pater

S. 57 Oben: Filmkraft/Peter Heller - Unten: Siegfried Pater
S. 60 Siegfried Pater
S. 64 Siegfried Pater
S. 67 Siegfried Pater
S. 78 Siegfried Pater
S. 81 Filmkraft/Peter Heller
S. 85 MIKELOOS/VOLKSMUND
S. 87 Filmkraft/Peter Heller
S. 99 Bernd Horbaschek
S. 100 Aus: Fränkischer Anzeiger, 6. 4. 1989